SCHWIMMEN
LERNEN

leicht · schnell · gründlich

SHARRON DAVIES
JAMES HARRISON

Herausgeber: Rosa Gallop
Übersetzung und deutsche Bearbeitung
von Marianne Lorbeer
Fotos von Chris Stevens

DELIUS KLASING VERLAG

Originaltitel: **Learn Swimming in a Weekend**

Die Deutsche Bibliothek – CIP-Einheitsaufnahme

Schwimmen lernen: leicht – schnell – gründlich/Sharron Davies; James Harrison. Hrsg.: Rosa Gallop. Übers. und dt. Bearb. von Marianne Lorbeer. Fotos von Chris Stevens. – Bielefeld: Delius Klasing, 1995
Einheitssacht.: Learn swimming in a Weekend (dt.)
ISBN 3-7688-0873-4
NE: Davies, Sharron; Stevens, Chris; Gallop, Rosa [Hrsg.]; Lorbeer, Marianne [Bearb.]; EST

ISBN 3-7688-0873-4
Die Rechte für die deutsche Ausgabe liegen beim Verlag
Delius, Klasing & Co., Bielefeld
Gesamtherstellung: Kunst- und Werbedruck, Bad Oeynhausen
Printed in Germany 1995

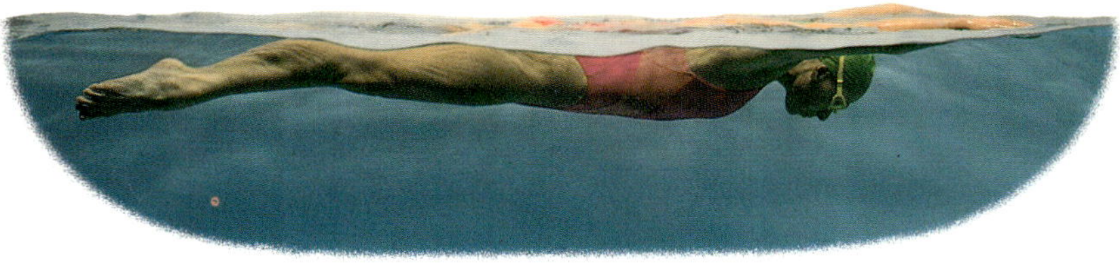

INHALT

EINLEITUNG

Dieses Buch „*Schwimmen lernen, leicht–schnell–gründlich*" ist eine ideale Gelegenheit für mich, einen hervorragenden Bildband über den Schwimmsport zu präsentieren. Es ermöglicht dem Lernenden, anhand der wunderbaren split-level Fotografien die einzelnen Fertigkeiten zu erfassen und nachzuvollziehen. Klare, schrittweise ausgeführte Anleitungen zeigen Ihnen, wie man sich im Wasser wohlfühlt, die Schwimmtechniken erlernt, sich einen guten und sauberen Schwimmstil aneignet und die richtige Ausrüstung nutzt. Das Buch kann sowohl einem absoluten Laien helfen – der schon immer gerne schwimmen lernen wollte, aber vielleicht unsicher im und am Wasser war –, aber auch einem erfahrenen Schwimmer, der nach Möglichkeiten zur Verbesserung seiner Techniken sucht, wertvolle Ratschläge geben. Bitte vergessen Sie nicht: Was immer Sie gut können wollen, kostet Sie auch immer etwas Zeit, Mühe und ein wenig Geduld. Seit meinem achten Lebensjahr bin ich Wettkampfschwimmerin. Im Laufe dieser Zeit habe ich viele Veränderungen und Verbesserungen

der Schwimmtechniken miterlebt und die Ideen und Gründe dafür erfahren. Durch all diese Veränderungen kristallisieren sich bestimmte Grundprinzipien heraus, die ich durchweg in diesem Buch hervorgehoben habe.

Diese Prinzipien sind einfach, verständlich und einprägsam:

1. Man treibt sich automatisch voran, indem man Wasser von vorne nach hinten drückt.
2. Ein stromlinienförmiger Körper bewegt sich schneller und leichter im Wasser als jeder andere.
3. Ihre Beine sind eine kraftvolle Antriebsmaschine.
4. Das Zusammenspiel von Körperbeherrschung, Kraft und guter Technik läßt einen Schwimmstil entstehen, der Können und Eleganz demonstriert.

Während diese Prinzipien für alle Leistungsgrade gültig sind, werden Sie auch speziell für Ihr individuelles Können wertvolle Tips und diverse Übungen finden.

Ich wünsche Ihnen, daß Sie eine Sportart lieben lernen, die ein idealer Beitrag zu Ihrem allgemeinen Wohlbefinden und Ihrer Gesundheit sein kann, und an der sich alle Menschen bis ins hohe Alter erfreuen können.

SHARRON DAVIES

DIE VORBEREITUNG

Um etwas vernünftig und gut zu machen, muß man die richtigen Vorbereitungen treffen.

1. Ob Sie Schwimmen nun zu Ihrem gekonnt-beherrschten Hobby machen, oder ob Sie Ihre Technik auf Wettkampfstandard verbessern wollen, gehen Sie bitte, bevor Sie mit dem Schwimmkursus beginnen, die folgende Kontrolliste durch:

– Die wichtigste Voraussetzung sind eine gute Gesundheit und Fitneß. Wenn Sie nicht ganz mit Ihrer Gesundheit zufrieden sind – Probleme speziell mit Ihrer Atmung, Ihren Augen oder Ohren haben – besuchen Sie bitte vorher Ihren Arzt.

– Es lohnt sich auch, sich, bevor Sie ins Wasser gehen, zu Hause oder im Schwimmbad aufzuwärmen und zu lockern. Einfache Stretching-Übungen sind ein guter Start (s. S. 18–19). Übungen wie z. B. „Sit-ups“ (s. S. 18) stärken die Bauchmuskulatur – das „Zentrum“ des Körpers. Eine starke Bauchmuskulatur unterstützt den gesamten Körper in der Bewegung.

– Führen Sie diesen Schwimmkursus im Schutze der bewachten Schwimmbäder durch.

DIE SCHWIMMBRILLE
Viele Schwimmfertigkeiten verlangen, daß Sie Ihr Gesicht ins Wasser tauchen oder unter Wasser sehen, wohin Sie schwimmen. Sie werden diese Brille als wohltuende Hilfe ansehen, zumal die Augen durch das Chlor sehr leicht gereizt werden. Legen Sie zuerst immer die Brille auf Ihre Augen, *bevor* Sie das Gummi über Ihren Kopf ziehen (s. S. 17).

DAS STRETCHING (AUFWÄRMEN)
Beweglichkeit ist unbedingt wichtig für das Schwimmen. Aufwärmübungen, wie diese seitliche Stretchübung, sollten mit leicht gebeugten Knien ausgeführt werden. Wenn Sie Ihre Beine zu steif halten, könnten Sie Ihren Rücken und Ihre Knie überbeanspruchen (s. S. 18–19).

(Weniger geeignet sind unbewachte Badegebiete.) Prüfen Sie, welches Schwimmbad in Ihrer Nähe die besten Bedingungen für Ihre Wünsche erfüllt (s. S. 12–13).
– Eine korrekte Ausrüstung ist sehr wichtig. Verglichen mit denen anderer Sportarten (s. S. 10–11, 16–17) kostet sie nicht viel. Es zahlt sich aus, den richtigen Einstieg zu finden, wie z. B. einen Badeanzug, der zum Schwimmen und nicht zum Sonnenbaden bestimmt ist. – Also sehen Sie sich um. *Kursiv* gedruckte Wörter werden im Glossar ausführlicher erklärt (s. S. 92–93)

FLOSSENHILFE

Möglicherweise benötigen Sie Flossen – eine ausgezeichnete Schwimmhilfe, die Ihnen zusätzliche Beinkraft verleiht – so daß Sie sich besser auf Ihre Armbewegungen konzentrieren können. Erkundigen Sie sich, ob in Ihrem Schwimmbad *Flossen* erlaubt sind. (In einigen Bädern sind sie verboten.)

DIE SCHWIMMAUSRÜSTUNG

Auf manche Stücke der Schwimmausrüstung muß man besonders **achten,** z. B. Schwimmbrillen – man vergißt sie leicht, außerdem sollten Sie sie nie mit der Sehfläche auf den Boden legen, denn dann verkratzen sie, und Sie können nicht mehr gut hindurchsehen. Das chlorhaltige Wasser greift leicht Ihre Haut und das Haar an; bringen Sie daher ein gutes und mildes Duschmittel mit, Feuchtigkeitscreme, ein mildes Haarshampoo und Kurspülung (s. S. 10–11).

WAS SIE BRAUCHEN

Die Auswahl von richtiger Schwimmkleidung und Zubehör

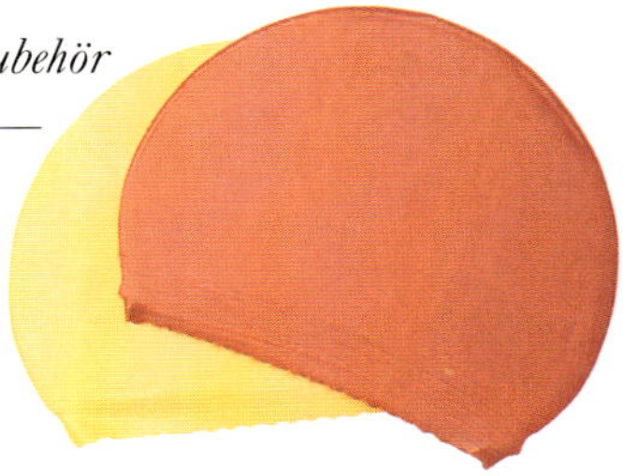

1. WÄHLEN SIE SCHWIMMKLEIDUNG, die bequem und elastisch ist und Bewegungsfreiheit bietet. Sie sollte aus leichtem, feuchtigkeitsabstoßendem Material bestehen (s. unten). Sie können sich auch mit **Schwimmhilfen** ausrüsten, die Ihnen die Übung erleichtern und den Spaß am Schwimmen vergrößern. Spülen Sie nach dem Schwimmen alles aus, so daß das Chlor (es bleicht) die Materialien nicht angreift.

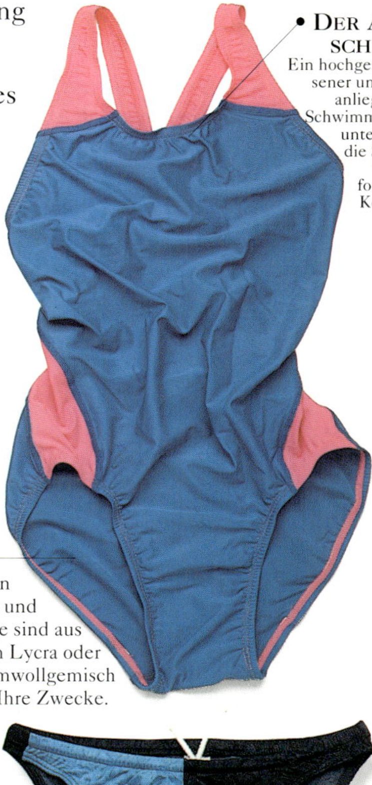

DER AUSSCHNITT Ein hochgeschlossener und enganliegender Schwimmanzug unterstützt die Stromlinienform des Körpers.

DER STOFF Die meisten Badehosen und Badeanzüge sind aus elastischem Lycra oder Lycra-Baumwollgemisch – ideal für Ihre Zwecke.

DIE SCHWIMMKLEIDUNG

Probieren Sie die Schwimmkleidung an, ehe Sie sie kaufen. Sie sollte eng, aber nicht zu knapp sitzen, Sie wollen sich schließlich bewegen. Einige Schwimmbäder fordern Badekappen. (Lose Haare sind unhygienisch und verstopfen leicht die Abflußfilter.) Badekappen sind aus Gummi. Pudern Sie nach dem Gebrauch die Flächen der Badekappe mit Talkumpuder ein, damit sie nicht zusammenkleben.

DIE TASCHE Wählen Sie einen Seesack oder eine wasserundurchlässige Tasche mit mehreren Fächern. So können Sie die nassen Sachen von den trockenen trennen.

DIE FARBEN Vermeiden Sie die Farben Rot oder Weiß. In nassem Zustand werden rote und weiße Stoffe durchsichtig. Mittel- bis dunkelblau oder schwarz, d. h. alle dunkleren Farbtöne sind geeignet.

Trocknen Sie sich mit einem schönen großen Frotteehandtuch ab.

Nasenklammer

Schwimmbrillen (keine Tauchbrillen) gibt es in verschiedenen Ausführungen

Weiche, formbare Ohrenstöpsel

AUGEN, NASE, OHREN

Wählen Sie verstellbare Schwimmbrillen. Wenn Sie es wünschen, benutzen Sie Ohrenstöpsel und/oder Nasenklemmen, damit kein Wasser eindringen kann.

KÖRPER-PFLEGEMITTEL

Nehmen Sie Duschmittel und Haarshampoo mit. Ohrentropfen auf Alkoholbasis trocknen die Ohren richtig aus und verhindern so mögliche Ohreninfektionen. Feuchtigkeitscreme, Haarkuren und beruhigende Augentropfen mildern die Wirkung des Chlors.

SCHWIMMHILFEN FÜR EINEN SCHNELLEREN LERNERFOLG

ZUSÄTZLICHE HILFEN

Flossen, *Schwimmbretter* und andere Schwimm-(Auftriebs-)hilfen können eine sinnvolle Investition sein. Schwimmbretter, zum Beispiel, halten Sie schwebend im Wasser, während Sie sich auf Ihre Arm- oder Beinarbeit (s. S. 16–17, 28–33) konzentrieren. Vorsicht: Billige Bretter brechen leicht. Achtung: Schwimmhilfen sind nicht in allen Bädern erlaubt. (Fragen Sie nach.)

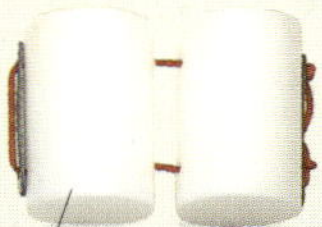

PULLBUOYS

Diese Schwimmhilfe, zwischen die Beine geklemmt, gibt den Beinen Auftrieb, während Sie sich ganz auf Ihre Armbewegungen konzentrieren.

FLOSSEN

Flossen sind exzellente Hilfen, Ihren Kraul- oder Delphinstil zu erlernen und zu verbessern. Flossen mit ganzem Fuß (Schuh) sind besser als Flossen mit Fersenriemen (s. Bild).

SCHWIMMBRETTER

Benutzen Sie **große** Schwimmbretter für die Beinübungen, **kleinere** Bretter, die Sie zwischen die Knie klemmen, für die Armübungen.

SCHWIMMGÜRTEL

Sie werden benutzt, damit man sich erst einmal an das Wasser gewöhnt. Sie sind jedoch normalerweise unter Verschluß und dürfen nur unter der Aufsicht des Bademeisters benutzt werden.

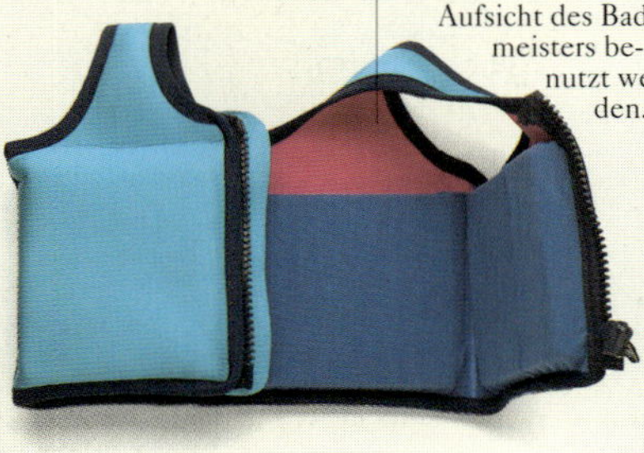

VERMEIDEN SIE SCHWIMMFLÜGEL

Sie sind wirklich nur hilfreich für Babys und Krabbelkinder, die sie aufrecht halten. Auf Schwimmflügel dürfen Sie sich nicht verlassen, sie behindern die Armbewegungen und verleiten zu falscher Schwimmhaltung.

AM BECKENRAND

Sie werden besonders viel Freude am Schwimmen finden, wenn Sie ein Schwimmbad mit bestimmten Eigenschaften wählen können.

1. WÄHLEN SIE EIN SAUBERES SCHWIMMBAD mit ordentlichen Umkleideräumen, aufmerksamem Aufsichtspersonal und intakten und vorhandenen **Rettungsgeräten.** An bestimmten Wochentagen gibt es den sogenannten Warmbadetag, die Wassertemperatur ist dann von 21°C auf 27°C (in manchen Bädern sogar auf 30°C) erhöht. Die Wassertiefen und Sicherheitsmaßnahmen sind nicht immer deutlich erkennbar. Erkundigen Sie sich – zu Ihrer eigenen Sicherheit. Wenn Ihnen der Chlorgehalt des Wassers unangenehm ist, suchen Sie sich ein Bad, in dem Ozon benutzt wird. Für sinnvolle und effektive Übungsmöglichkeiten benötigen Sie ein Bad mit 25-m-Bahnen; wenn möglich, mit abgegrenzter Übungsbahn, damit Sie nicht gestört werden.

FREIZEITBÄDER
Sie sind weniger zu ernsthaftem Bahnenschwimmen geeignet. Aufgrund ihrer Nichtschwimmerzone, die sich allmählich zum Tiefen (für sichere Schwimmer) neigt, ihrer Wasserfälle (rechts), Rutschen und des allgemeinen Freizeitcharakters eignen sie sich besser für Kinder und Freizeit-Badende.

DIE UNTERRICHTSSTUNDE

Rechts: Die meisten guten Schwimmbäder bieten Schwimmunterricht unter der Anleitung von ausgebildetem Personal für alle Jahrgänge und für jeden Leistungsgrad an (auch für Behinderte). Gruppenarbeit kann das Lernen leichter machen, besonders, wenn Sie ganz von vorne anfangen.

DAS KINDERBECKEN

Unten: Viele Schwimmbäder haben ein flaches Extrabecken für die Kinder. Spiele zur Wassergewöhnung, z. B. im Kreis stehen und planschen oder untertauchen, können ein guter Start für ein Kinder-Schwimmprogramm sein.

DAS SCHWIMMEN IM MEER

MEERWASSER TRÄGT

Obwohl Sie diesen Schwimmkursus im Schwimmbad durchführen, ist es für manche Leute leichter, im Meer zu lernen, da das Salzwasser besser trägt. Sie mögen das Meer auch als belebendere Umgebung empfinden als das chemisch saubergehaltene Schwimmbad. Sie sollten n i e alleine (möglichst immer unter Bademeister-Aufsicht) und n i e ins offene Meer hinausschwimmen. Informieren Sie sich über die Wetterlage, den Gezeitenstand, die Wassertiefe und die Sicherheit und Beschaffenheit der Badestelle am Strand.

WARUM SCHWIMMEN KÖNNEN?

Es fördert die Gesundheit, verhilft zu Sicherheit und Fitneß und macht Spaß.

DIE MEISTEN MENSCHEN sind naturgemäß gerne im Wasser. Daher sollte jeder schwimmen können – aus Sicherheitsgründen. Je früher man damit anfängt, desto besser. Schwimmen ist das Paradebeispiel für Sport, Freizeitgestaltung und Fitneßtraining in einem und zugänglich für jedermann, Kinder und Großeltern, Sportler, Schwangere und Behinderte. – Jeder Mensch verspürt im Wasser eine angenehme Wirkung auf Körper und Geist. Schwimmen sollte vor allem Spaß bringen – genießen Sie es.

DIE ERFÜLLUNG FÜR JEDERMANNS ERWARTUNGEN

FÖRDERN SIE IHRE GESUNDHEIT

Schwimmen ist ausgezeichnet für eine allgemeine Fitneß:
- Es verbessert Kondition und Koordination,
- es trainiert mehr Muskelgruppen als jede andere Sportart,
- es regt die Herz-Lungentätigkeit an, was wiederum die Sauerstoffaufnahme im gesamten Körper verstärkt,
- es verleiht dem Körper während der Bewegung im Wasser natürlichen Auftrieb und entspannt und entlastet ihn.

BESONDERE BEDÜRFNISSE

Wie keine andere Sportart erfüllt das Schwimmen besondere Bedürfnisse, z. B. können es Asthmatiker und Epileptiker genießen, und Menschen mit allen möglichen körperlichen Defekten ziehen Nutzen aus der natürlichen Stütze im Wasser, dem Auftrieb.

SCHWANGERSCHAFT

Das Schwimmen verhilft zur wohltuenden Entlastung des Körpergewichts und der Belastung während der fortgeschrittenen Schwangerschaft, und es macht die Frauen beweglicher für die Geburt.

DAS ALTER

Man ist nie zu alt für gemächliches Schwimmen. Beherzte 70, 80, 90 Jahre alte Menschen können sogar noch an Wettkämpfen teilnehmen (s. S. 93).

BABYS UND KRABBELKINDER

Kleine Kinder finden Vertrauen, Bewegungsmöglichkeiten und Koordinationstraining. Sie müssen aufmerksam beobachtet und ständig ermutigt werden.

ANDERE WASSERSPORTARTEN

Als Schwimmer können Sie unbedenklich und sicher an einer ganzen Palette von Sportarten teilnehmen. Sie mögen sie als Ferien- oder Wochenenderholung genießen oder intensiv als Wettkampfsport betreiben.

WIND UND WASSER
Oben und oben links: Um Windsurfen und Wasserski ganz zu genießen, müssen Sie wenigstens die Grundelemente des Schwimmens beherrschen (Übungen 1–3 in diesem Buch). Sie sollten sich nicht der Gefahr aussetzen, in Panik zu geraten, wann immer Sie ins Wasser fallen.

IN DER BRANDUNG
Links: Echtes Surfen verlangt, daß Sie ein sehr sicherer Schwimmer sind. Sie müssen in der Lage sein, kraftvoll zu schwimmen, um durch die krachende Brandung hindurchzukommen und mit den größten Brechern fertig zu werden.

HOCHGESTECKTE ZIELE
Es gibt drei olympische Sportarten, die das Schwimmen voraussetzen: 1. Kunstspringen (unten), 2. Wasserball (unten rechts), das besondere Beinkraft und schwimmerisches Können verlangt, 3. Synchronschwimmen (rechts), wofür Sie gute Paddelbewegungen und Kondition benötigen. In vielen Schwimmbädern werden Kurse dafür angeboten.

Schwimmhilfen

Sie helfen Ihnen, waagerecht an der Wasseroberfläche zu liegen.

Es gibt heute ein grosses Angebot an *Schwimmhilfen.* Während einige den Lernprozeß hilfreich unterstützen, können andere eher ein Hindernis darstellen, vor allem, weil Sie sich möglicherweise zu sehr auf sie verlassen. *Flossen, Schwimmbretter* und die sogenannten *Pullbuoys* – wie sie hier gezeigt werden – sind hilfreich, weil sie Ihnen helfen, waagerecht im Wasser zu schweben.

Flossenhilfe

Achtung: Flossen eignen sich sehr gut für das Kraulen und Delphinschwimmen, aber gar nicht für das Brustschwimmen! Es ist nützlich, *Flossen* zu tragen, weil sie Ihnen helfen, Ihren Körper waagerecht im Wasser zu halten und Ihnen größere Beweglichkeit vor allem an den Fußgelenken verleihen. Diese Beweglichkeit ist wichtig für den Beinschlag, wobei die Flossen als Vergrößerung der Füße Sie kraftvoller durch das Wasser treiben. Außerdem geben Flossen weniger sicheren Schwimmern ein Gefühl von Kraft und Schnelligkeit.

• **Das Anziehen der Flossen**
Fahren Sie mit dem Fuß tief in den Schuh, ehe Sie das Fersenteil über die Ferse stülpen. Die *Flossen* müssen eng sitzen, um wirksam zu sein. (Nasse Füße und Flossen gleiten besser!)

• **Ausserhalb des Wassers**
Es ist leichter, die *Flossen* außerhalb des Wassers und in stabiler Sitzhaltung anzuziehen.

Beinkraft
Flossen können Ihnen wirklich beim Schwimmen helfen. Wenn Ihre Beine ein 100-cc-Motor wären (s. S. 33), würden die Flossen ihre Kraft auf 250 cc bringen. Allerdings: Sie werden nicht in allen Schwimmbädern geduldet. Erkundigen Sie sich vorher.

Das Ablegen der Flossen
Es ist viel einfacher, *Flossen* im Wasser auszuziehen. Aber bedenken Sie, daß die Flossen im Tiefen sofort versinken. Also halten Sie sie fest.

SCHWIMMBRETTER UND PULLBUOYS

Schwimmbretter und **Pullbuoys** helfen Ihnen, im Wasser zu schweben, während Sie reine Bein- oder Armübungen für einen speziellen Schwimmzug machen.

DAS SCHWIMMBRETT Greifen Sie um die obere Kante des Brettes; so hält das Brett im Wasser Ihren Körper in der richtigen Lage.

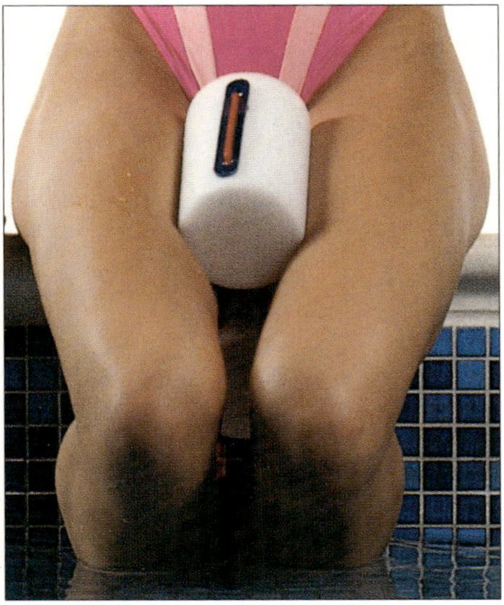

DIE KRAFT DER PULLBUOYS

Pullbuoys sind **Schwimmhilfen** sowohl für Anfänger als auch für Fortgeschrittene. Sie geben Ihren Beinen Auftrieb und halten Ihren Körper in der richtigen Lage, während Sie sich auf die Armbewegungen konzentrieren. Klemmen Sie diese **Auftriebshilfen** zwischen die Beine (Anfänger zwischen die Oberschenkel, Fortgeschrittene tiefer), und schwimmen Sie kräftig mit den Armen.

— SCHWIMMBRILLEN —

Mit Schwimmbrillen können Sie unter Wasser sehen, wohin Sie schwimmen – und was Ihre Hände tun, ohne die Augen dem Chlor auszusetzen.

1. Um die Brille sicher aufzusetzen, setzen Sie zuerst die Brillengläser auf Ihre Augen.

2. Sobald sie auf Ihren Augen sitzen, streifen Sie das Gummi über den Kopf.

3. Setzen Sie das Gummi so, daß es fest, aber angenehm sitzt. Ziehen Sie nie zuerst das Gummi über Ihren Kopf, das Plexiglas könnte zurückschnellen und Ihre Augen treffen und verletzen.

DAS AUFWÄRMEN UND LOCKERN VOR DEM SCHWIMMEN

Einige leichte Übungen zur Kräftigung der Muskeln, die beim Schwimmen benutzt werden.

REGELMÄSSIGES GRUNDLAGENTRAINING macht Sie fit, ehe Sie ins Wasser gehen. Folgende Beispiele kräftigen Herz und Lunge, und die Stretching-Übungen verhindern Muskelkater oder Muskelverletzungen (Schwimmen selbst kann wegen der natürlichen Unterstützung durch das Wasser nicht mit den Sportverletzungen in Verbindung gebracht werden, wie sie bei Sportarten an Land entstehen können). Machen Sie diese Übungen vor und nach dem Schwimmen; machen Sie sie langsam, und steigern Sie allmählich die Anzahl.

SCHULTER-DEHNUNG

Geradeaus sehen, Füße in Grätschstellung. Beschreiben Sie langsam mit jedem Arm einen möglichst großen Kreis – zuerst vorwärts, dann rückwärts. Sie sollten die Dehnung in Ihren Schultern spüren.

HÜRDENSITZ

Im Hürdensitz beugen Sie sich mit gestrecktem Oberkörper lang über das ausgestreckte Bein (Kopf hoch, nicht die Nase zum Knie bringen), dann beugen Sie sich über das seitlich abgewinkelte andere Bein.

*Die **Füße** sind angewinkelt.*

LEICHTER ODER HALBER LIEGESTÜTZ

Arbeiten Sie sich vor bis zum ganzen Liegestütz (unten), indem Sie zuerst Ihr Gewicht mit den Knien abfangen und dann allmählich die Knie mit auf- und abwärts bewegen.

SIT-UPS

Erheben Sie Ihren Oberkörper langsam, indem Sie Ihre gestreckten Arme zwischen Ihre Knie schieben, und legen Sie sich langsam wieder hin. Arbeiten Sie nicht ruckartig, halten Sie die Fußsohlen flach auf dem Boden – und sitzen Sie auf einem Handtuch oder einer Matte. Sit-Ups sind ideal für die Bauchmuskeln.

• FÜSSE
Spreizen Sie die Füße leicht zur Stabilisierung.

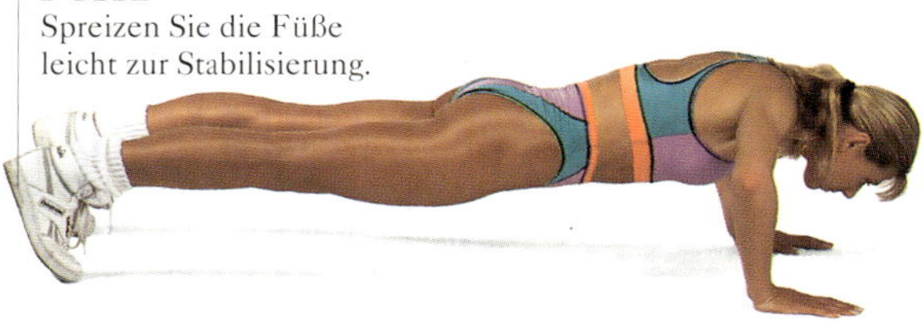

LIEGESTÜTZE

Die Hände fassen flach, direkt unter den Schultern, auf den Boden. Drücken Sie die Schultern zum Boden und wieder hoch. Kopf und Körper (Gesäß) bleiben gerade.

KOPF HOCH
Bleiben Sie aufrecht; sehen Sie geradeaus.

DIE LUNGEN
Indem Sie Ihr Lungenvolumen vergrößern, erleichtern Sie sich das Erlernen der Atemtechnik beim Schwimmen.

DIE BEINE
Heben Sie Ihre Knie nicht zu hoch.

AUF DER STELLE

Traben – oder Tanzen – auf der Stelle ist hervorragend für Herz und Kreislauf geeignet. Vergessen Sie nicht: Fitneß heißt nicht, enorme Muskelpakete zu haben. Fitneß bedeutet vielmehr, wie gesund Herz und Lunge sind – das heißt, wie schnell Ihr Puls nach einer Übung wieder normal schlägt (s. S. 90–91).

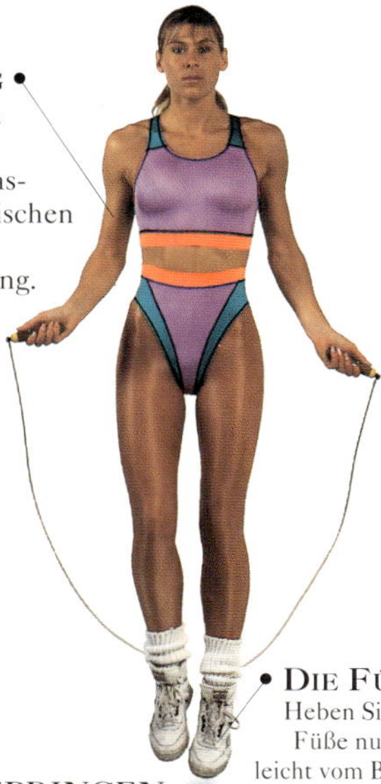

DIE ARMBEWEGUNG
Tauspringen trainiert die Koordinationsfähigkeit zwischen Arm- und Beinbewegung.

DIE FÜSSE
Heben Sie Ihre Füße nur ganz leicht vom Boden.

TAUSPRINGEN

Das Tauspringen ist ausgesprochen gut für Herz und Lunge – und ein Springtau läßt sich leicht verstauen.

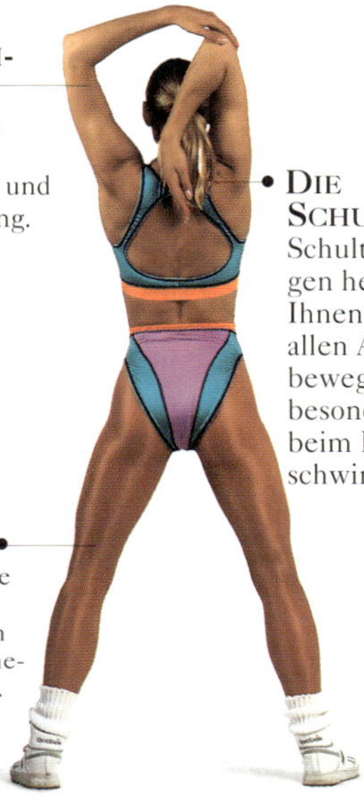

BEWEGLICHKEIT
Dehnübungen vergrößern die Beweglichkeit und Körperspannung.

DIE SCHULTERN
Schulterübungen helfen Ihnen bei allen Armbewegungen – besonders beim Delphinschwimmen.

DIE BEINE
Gespreizte Beine geben Ihnen einen sicheren Stand.

SEITLICHE DEHNUNG

Zum Dehnen Ihrer Rücken- und Schultermuskulatur legen Sie eine Hand auf Ihren Ellenbogen, und versuchen Sie – langsam –, Ihre Hand (und Ellenbogen) hinter Ihrem Kopf herunterzudrücken. Viermal, dann den Arm wechseln.

DIE ZIELSETZUNG

Machen Sie das Beste aus Ihrer Lernarbeit, indem Sie sich realistische Ziele setzen.

SIE WERDEN BESSER SCHWIMMEN LERNEN, wenn Sie, bevor Sie anfangen, sich genau klar machen, was Sie erreichen wollen. – Das gilt für allgemeine Schwimmunternehmungen ebenso wie für diesen Kursus. Überzeugen Sie sich, während Sie lernen, immer wieder, ob Sie die Techniken korrekt lernen. Wiederholen Sie, wenn nötig, lieber einige Übungsabschnitte oder eine ganze Übung, als daß Sie in Ihrem Eifer neue Fertigkeiten erlernen. Selbst wenn Sie denken, Sie könnten die Wassergewöhnungsübungen und Schwimmzugübungen (Lektion 1–7) auslassen und gleich zu den Wenden, zum Kopfsprung und Wettkampfstart (Lektion 8–10) übergehen, denken Sie erst einmal nach. Sie mögen glauben, Sie könnten kraulen, aber beherrschen Sie die Technik – wie sie in diesem Buch gezeigt wird – effektiv und sicher genug? Können Sie ***beidseitig*** atmen (s. S. 55)? Sie sollten nicht zur nächsten Lektion weitergehen, bevor Sie nicht korrekt atmen können. Ebenso hängen gute ***Rollwenden*** (s. S. 68–73) vom richtigen Anschwimmen an die Wand ab. Daher: Fangen Sie damit nicht eher an, bevor Sie das Kraulen perfektioniert haben. Dieses Buch wird hoffentlich Ihre Stärken und Schwächen hervorheben. Eventuell treten Sie in einen Schwimmverein ein, um an sich zu arbeiten – verbale Anleitung und Gruppenarbeit können sehr hilfreich sein. Verfallen Sie nicht in schlechte Angewohnheiten, die Sie nicht wieder loswerden und die Sie beim Lernen behindern. Und entschuldigen Sie sich nicht mit Ihrem Alter, Geschlecht, Konstitution oder Veranlagung.

BETREUUNG
Überlegen Sie, ob Sie lieber unter Anleitung lernen wollen. Die meisten Bäder bieten Schwimmunterricht für alle Leistungsgrade an, einige sogar Privatunterricht (oben). Das kostet natürlich etwas mehr.

IN EIGENINITIATIVE
Sie können sich auch entscheiden, die meiste Zeit alleine zu üben, aber suchen Sie gelegentlich den Rat eines Schwimmlehrers, um Ihre Fortschritte und die technischen Einzelheiten festzustellen.

PERSÖNLICHE ZIELE

Wenn Sie wirklich Fortschritte machen wollen, sollten Sie, wann immer Sie schwimmen gehen, genau planen, an welchem Schwerpunkt Sie arbeiten müssen: Entweder nur an der Arm- oder Beinarbeit einer bestimmten Schwimmart, an grundlegender Wassergewöhnung, Timing, Atmung oder allgemeiner Koordination. Sie werden eine Technik leichter lernen, wenn Sie sie in einzelne Lernabschnitte aufteilen, diese üben und später alles zusammenfügen. Überlegen Sie, ob Sie mit *Schwimmhilfen* arbeiten wollen, z. B. für die Arm- oder Beinarbeit (oben rechts), oder ob Sie Wassergewöhnungsarbeit machen wollen. Arbeiten Sie langsam und bedacht, und machen Sie sich bewußt, was Sie tun – benutzen Sie Körper u n d Kopf.

BEINARBEIT
Wenn Sie sich einen bestimmten Beinschlag erarbeiten wollen (hier ist der Brustbeinschlag abgebildet), lassen Sie die Armarbeit weg. Isolieren Sie jegliche Beinarbeit, indem Sie sich mit Hilfe des **Schwimmbrettes** in der Schwimmlage halten, wie im Bild. (Für die Armarbeit klemmen Sie das Brett zwischen die Beine.)

VERTRAUEN GEWINNEN
Wenn Sie – mit dem Gesicht im Wasser – „schweben" und die Luft anhalten und entspannt bleiben können, meistern Sie bereits die elementarste Schwimmfertigkeit.

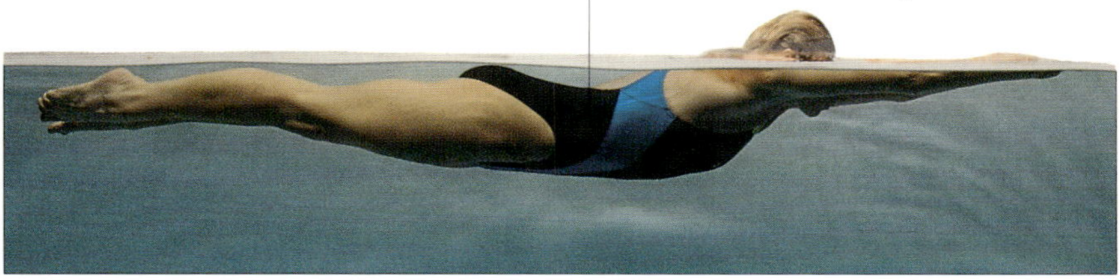

ZURÜCK ZU DEN ANFÄNGEN
Seien Sie ehrlich mit sich selbst – müssen Sie zu den Anfängen zurückgehen? Manchmal muß man wieder ganz von vorne beginnen, mit den einfachsten Übungen wie oben (s. S. 24–33).

PLANEN SIE
Rechts: Es ist hilfreich, sich einen einfachen Trainingsplan aufzustellen. Hier sind zehn wichtige Trainingsziele, die Sie erarbeiten und damit Ihre Schwimmleistungen verbessern können. Vergessen Sie nicht: Jagen Sie nicht durch ein Programm hindurch; gehen Sie die Sache ruhig an, und genießen Sie sie. (Auf S. 90–91 finden Sie für Fortgeschrittene weitere Trainingspläne.)

Individualplan

1. *Versuche, einen **langen, ruhigen** Schwimmzug zu machen.*
2. *Gewöhne dich an die **Schwimmhilfen** (s. S. 16–17)*
3. *Verbessere deine Fitneß; erreiche eine bessere Pulsfrequenzberuhigung (s. S. 91).*
4. *Bemühe Dich um technisch und stilistisch sauberes Brust-, **Rücken-** und Kraulschwimmen (s. S. 34–59).*
5. *Beherrsche die elementaren Sicherheitsmaßnahmen (s. S. 86–87).*
6. *Lerne, für das Kraulen **beidseitig** zu atmen (s. S. 55).*
7. *Sei in der Lage, die Delphintechnik korrekt durchzuführen (s. S. 60–67).*
8. *Beherrsche die **Rollwende** vorwärts (s. S. 68–71).*
9. *Automatisiere deine individuelle 200-m-Lagendisziplin – schwimm alle Schwimmstile technisch sauber und den Regeln entsprechend (s. S. 84–85, 93).*
10. *Bemühe dich, Wettkampfniveau zu erreichen (s. S. 90–91).*

DIE PRAXIS

Ihr Stundenplan auf einen Blick

DER GESAMTE INTENSIVKURS setzt sich aus zehn Lektionen zusammen, die die unterschiedlichsten Leistungsebenen berühren. Vielleicht wollen Sie nicht unbedingt die gesamte für den Kurs geplante Zeit im Wasser zubringen; dann ist es das beste, Sie „tauchen“ einfach an der Stelle ein, die für Sie geeignet ist. Konzentrieren Sie sich auf die Lektionen 1–3, wenn Sie ein völliger Anfänger sind. Aber fangen Sie erst mit den Schwimmzügen an (Lektion 4–7), wenn Sie sich mit dem Wasser vertraut gemacht haben. Sie können Lektionen wie Wenden, Kopfsprung und Startsprung (Lektion 8–10) für ein anderes Wochenende aufheben oder den ganzen Kursus über mehrere Wochenenden verteilen. Aber, wie groß Ihr Können auch immer ist, vergessen Sie nicht: Die wichtigste Voraussetzung ist die, daß Sie sich etwas zutrauen.

***Armgleichschlag** beim Rückenschwimmen*

Einstieg ins und Ausstieg aus dem Wasser.

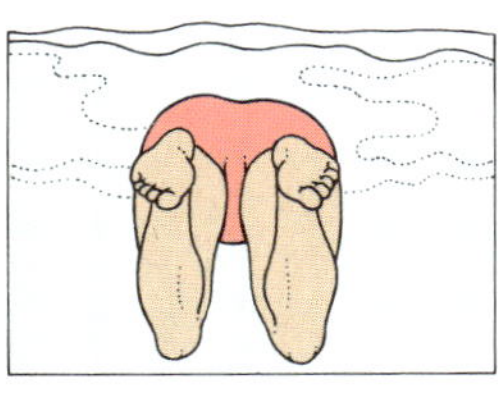

Brustbeinschlag

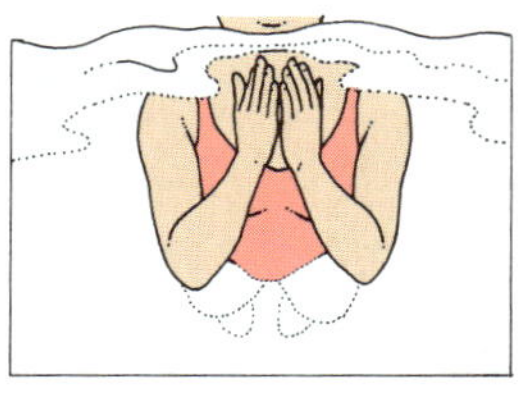

Armzug beim Brustschwimmen

ERKLÄRUNG DER SYMBOLE

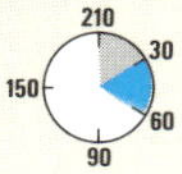

DIE UHREN

Kleine Uhren erscheinen auf der ersten Seite jeder Lektion. Die blaue Zone zeigt, wieviel Zeit Sie ungefähr für die Lektion benötigen, so daß Sie sie in Ihr Tagesprogramm einpassen können; z. B. sehen Sie sich die Uhr auf S. 28 an. Die blaue Zone zeigt, daß ½ Stunde für Lektion 2 benötigt wird. – Alle Zeiteinteilungen sind in Minuten dargestellt.– Die graue Zone zeigt, daß ½ Stunde für die vorangegangene Lektion nötig war. Aber seien Sie großzügig: Sehen Sie die Zeitangabe nur als Richtlinie, und arbeiten Sie nach Ihrem individuellen Tempo.

SYMBOLE

In der Einleitung zu jeder neuen Lektion und den jeweiligen Lernschritten zeigt die Figurenreihe die Anzahl der Lernschritte an. Die blauen Figuren stellen den Bewegungsablauf der betreffenden Lernphase dar.

BEWERTUNGSSYSTEM •••••

Jeder Lektion wird ein Schwierigkeitsgrad gegeben: von einem Punkt für elementare Fertigkeiten bis zu fünf Punkten für hohe Ansprüche.

*Um die **Längsachse** rollen für das Rückenschwimmen.*

Hochkommen zum Einatmen beim Brustschwimmen.

TEIL 2

Vorwärtsgreifen beim Kraulen.

*Der Gebrauch von **Schwimmbrettern.***

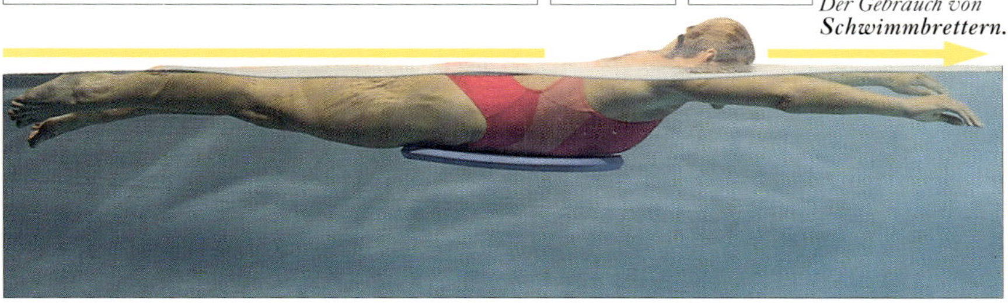

Lektion

1 DER WEG INS WASSER

Teil 1

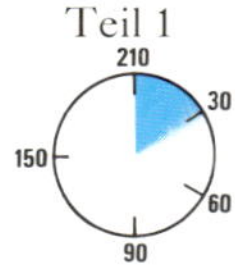

Definition: *Wie fühle ich mich im Wasser wohl?*

ES MUSS NICHT VIEL AUFWAND KOSTEN, die Furcht vor dem Wasser zu überwinden, wenn Sie sich Zeit lassen. Suchen Sie sich ein warmes Schwimmbad (ca. 28°) mit einem flachen Schwimmbecken, wo Sie stehen können und wo niemand herumplanscht – und folgen Sie diesen Anweisungen.

ZIEL: Gewöhnung ans Wasser und die Umgebung. *Bewertung* •

DIE LEITER

Benutzen Sie immer die Leiter oder Treppen ins Becken, wenn Sie auch nur ein wenig ängstlich sind. Stellen Sie, bevor Sie die Leiter hinuntersteigen, fest, wie tief das Wasser an der Stelle ist. Halten Sie sich gut fest, und gehen Sie die Leitern immer rückwärts hinunter – langsam und vorsichtig. Das Wasser sollte, wenn Sie auf dem Grund stehen, etwa bis zur Taille gehen. Wenn nötig, nehmen Sie ein **Schwimmbrett** mit.

SCHRITT FÜR SCHRITT
Nehmen Sie – rückwärts gehend – eine Stufe nach der anderen, nicht hastig werden.

DER GRIFF
Halten Sie sich die ganze Zeit am Griff fest.

DIE BEINE
Versuchen Sie, die Beine und Füße völlig entspannt zu lassen.

SICHER UND ENTSPANNT
Wählen Sie einen Teil des Beckens, wo Sie sich entspannt und unbelästigt fühlen können. Vergewissern Sie sich, bevor Sie ins Wasser gehen, daß der Bademeister in der Nähe ist.

• DIE ARME
Stützen Sie sich auf den körpernahen Arm, greifen Sie mit dem anderen Arm über, und drehen Sie sich um Ihre Längsachse.

HINEIN UND HERAUS
Sie können diese Methode auch für das Herauskommen anwenden. Setzen Sie die Hände auf den Beckenrand, und schrauben Sie Ihren Körper aus dem Wasser heraus in den Sitz.

FANGEN SIE IHR GEWICHT AB •
Fangen Sie Ihr Gewicht mit Armen und Händen ab, und lassen Sie sich langsam und vorsichtig ins Wasser herab.

DER EINSTIEG VOM BECKENRAND

Setzen Sie sich am flachen Teil des Schwimmbeckens auf den Rand, das Gesicht zum Wasser. Sie setzen die Hände auf eine Seite und drehen Ihren Körper herum und lassen sich rückwärts ins Wasser herabgleiten. Um Ihren Körper zu halten, brauchen Sie etwas Kraft in den Armen.

EIN ANDERER AUSSTIEG

FÜR DIE MUTIGEREN

Wenn Sie nicht sehr mutig sind, ist es immer das Beste, die Treppe zu benutzen. Für diejenigen, die sich am Wasser sicherer fühlen und die genügend starke Arme haben, ist die oben beschriebene Methode ideal. Für Leute mit recht starken Armen und die, die sich ganz sicher fühlen, ist die Methode, wie sie rechts gezeigt wird, am besten – schnell und wirksam: Halten Sie sich auf einer Position, von der aus Sie aufs Wasser sehen, am Beckenrand fest, drücken Sie sich einfach mit Ihren Armen hoch – bis Sie auf dem Beckenrand sitzen.

ARMKRAFT •
Drücken Sie sich mit Hilfe Ihrer Armkraft hoch.

Lektion

1 PLANSCHEN

Dies ist eine gute Methode, sich daran zu gewöhnen, daß Ihr Gesicht naß wird. Stellen Sie sich ins Flache, Ihre Augen sind geschlossen, werfen Sie langsam Wasser in Ihr Gesicht, und gewöhnen Sie sich allmählich daran, ein nasses Gesicht zu haben.

LANGSAM! • Indem Sie sich mit beiden Händen Wasser ins Gesicht spritzen, bereiten Sie sich gut auf das Untertauchen mit dem ganzen Kopf vor (s. unten). Alle Schwimmfertigkeiten setzen voraus, daß Ihr Gesicht naß wird und Sie sogar Ihr Gesicht direkt ins Wasser halten. Denn nur dann können Sie eine stromlinienförmige Haltung einnehmen und sich leicht und kräfteschonend fortbewegen.

DAS ABTAUCHEN

Sobald es Ihnen nichts mehr ausmacht, sich naßzuspritzen, versuchen Sie unterzutauchen. Halten Sie sich am Beckenrand oder Handlauf fest, und neigen Sie Ihren Kopf langsam ins Wasser, bis er völlig eingetaucht ist. Kommen Sie sofort wieder hoch und tauchen noch einmal unter. Versuchen Sie einfach, mit dem Kopf auf und ab zu nicken – über und unter Wasser –, ohne sich ruckartig zu bewegen. Wenn Sie sich sicherer fühlen, tauchen Sie länger unter. Das wird Sie vorbereiten für das Schwimmen mit *Sauerstoffschuld* und für das Ausatmen unter Wasser und kurze Einatmen über Wasser – so wie Sie es beim Schwimmen machen sollten.

ORIENTIERUNG IM WASSER

KEINE PANIK
Hier entwickeln Sie Vertrauen zum Wasser, es ist wichtig für die Orientierung unter Wasser. Links: Tauchen Sie unter, halten Sie die Luft an, öffnen Sie die Augen. – Vielleicht fühlen Sie sich mit einer Schwimmbrille sicherer – kommen Sie langsam wieder hoch. Rechts: Tauchen Sie wieder unter. Diesmal atmen Sie unter Wasser durch Mund und Nase aus, so daß sich Blasen bilden.

„SCHWIMMEN“

Nun wird es Zeit, daß Sie Ihren Körper „auf“ dem Wasser „schwimmen“ lassen. Halten Sie sich am Beckenrand oder der Treppe fest. Ihre Armmuskeln sorgen für die waagerechte Haltung. Machen Sie sich an der Wasseroberfläche so flach wie möglich. „Schwimmen“ bzw. „schweben“ Sie erst auf dem Bauch, dann auf dem Rücken. Lassen Sie das Wasser um Ihre Ohren spielen, und üben Sie wieder, mit dem Kopf unterzutauchen. Wenn Sie sich sicher genug fühlen, versuchen Sie, auf einem *Schwimmbrett* zu schweben (s. S. 28–29).

DIE FÜSSE
In Rückenlage haken Sie Ihre Fersen zwischen den Leiterstufen ein.

DIE BESTE GRIFFHALTUNG
Halten Sie eine Hand höher als die andere. Denn wenn beide Hände auf gleicher Höhe sind, ist es sehr schwer, den Körper in der Waagerechten zu halten.

Lektion

Teil 1

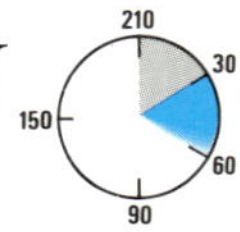

2 IM WASSER SCHWEBEN

Definition: *Benutzen Sie Schwimmbretter für einen besseren Auftrieb.*

DER MENSCH KANN NATÜRLICHERWEISE „SCHWIMMEN“, nicht nur, weil unser Körper weniger **Dichte** hat – also spezifisch leichter ist – als das Wasser, sondern auch, weil uns die eingeatmete Luft Auftrieb gibt. Auch Leute, deren Muskel- und Knochengewicht sie tief ins Wasser einsinken läßt, haben mehr Auftrieb, wenn sie ihre Luft anhalten.

ZIEL: Eine ausbalancierte Schwimmlage im Wasser. *Bewertung* ••

ERSTES SCHWEBEN

Fangen Sie im Flachen mit zwei Schwimmpositionen an:
1. der Sitzhaltung
2. der Bauchlage
ad 1. Für die Sitzhaltung halten Sie ein **Schwimmbrett** unter Ihr Gesäß. Setzen Sie sich darauf, und **rudern** Sie mit Ihren Händen (s. S. 31).
ad 2. Für die Bauchlage halten Sie ein **Brett** unter Ihren Bauch, legen sich flach darauf – so liegen Sie „auf dem Wasser“.
Das ist die beste Schwimmhaltung, die Sie einnehmen können, um aktiv zu schwimmen (s. S. 34–67).

• **DIE KLASSISCHE HALTUNG**
Sie sollten sich fühlen wie ein Pfeil – vollkommen stromlinienförmig im Wasser. Keine Panik – Sie können sich ja immer wieder auf den Boden stellen.

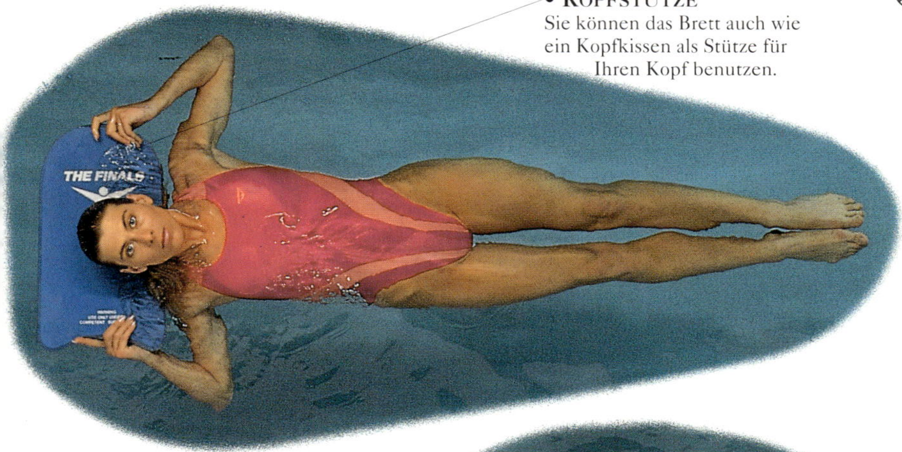

• **KOPFSTÜTZE**
Sie können das Brett auch wie ein Kopfkissen als Stütze für Ihren Kopf benutzen.

RÜCKENLAGE

Sobald Sie Zutrauen zur Bauchlage gefunden haben, legen Sie sich auf den Rücken. Da das Gesäß (Ihr Körperschwerpunkt) leicht absinkt, unterstützen Sie es mit dem **Schwimmbrett.** Nun wagen Sie sich, mit je einem Schwimmbrett unter die Arme geklemmt (rechts), ins tiefere Wasser und versuchen, Ihre Beine zu strecken, sie wieder anzuziehen und einfach ein wenig zu strampeln. Die Bretter halten Ihren Oberkörper sicher über Wasser.

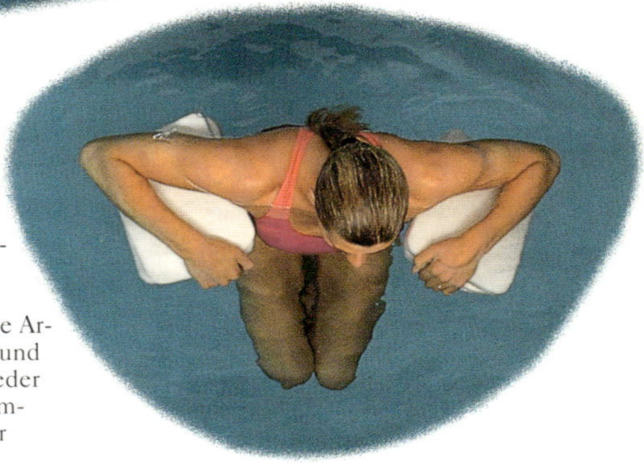

TESTEN SIE IHREN AUFTRIEB

Es gibt nur ganz wenige Menschen, die in der natürlichen Haltung, wie auf diesem Bild, nicht schwimmen werden. Diese Haltung ist eine Variante der Pilz-Haltung (in der Sie, wie ein Ball zusammengerollt, mit dem Gesicht nach unten und die Knie mit den Händen umfaßt, im Wasser „schweben"). Die mit eingeatmeter Luft vollgepumpten Lungen halten Sie in dieser Lage. Um das auszuprobieren, holen Sie einmal tief Luft, und seien Sie völlig entspannt, ehe Sie unter Wasser gehen. Wenn Sie nun, so im Wasser schwebend, langsam aber stetig ausatmen, werden Sie merken, daß Sie allmählich sinken. Mit dieser Übung können Sie sich daran gewöhnen, von der vertikalen in die horizontale Lage und wieder zurück zu kommen.

• **DIE LUNGEN**
Die Luft in Ihrem Oberkörper hält Sie über Wasser.

• **DIE BEINE**
Lassen Sie allmählich Ihre Beine sinken. Es ist das Muskel- und Knochengewicht, das Sie herunterzieht.

Lektion

3 DIE BEWEGUNG

Teil 1

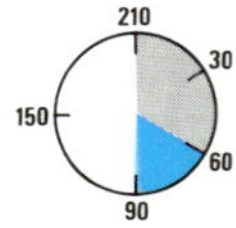

Definition: *Die stilvolle Bewegung in Stromlinienhaltung*

SCHWIMMEN IST ZUGLEICH WISSENSCHAFT und Sport, und für eine effektive Bewegung durchs Wasser müssen Sie zwei Dinge beachten: 1. Halten Sie Ihren Körper horizontal an der Wasseroberfläche, um den Wasserwiderstand gering zu halten; und 2. schieben Sie das Wasser, das vor Ihnen ist, hinter sich (nicht das Wasser an Ihrer Seite und nicht das über oder unter Ihnen). Sehen Sie Ihre Beine als Bootsmaschine an: Rennboote „aquaplanen" immer (also: heben Sie sich aus dem Wasser) wegen der kraftvollen Maschine am Heck. Wir könen nicht richtig „aquaplanen", weil wir natürlicherweise nicht schnell genug sind, aber indem wir unsere Beine kräftig schlagen, können wir eine genügend hohe und horizontale Lage beibehalten. Sie müssen Ihr Gesäß und die Hüften anspannen für diesen Beinantrieb; das verlangt ganz schön viel Energie, und Sie werden ermüden. Dagegen helfen die Übungen auf S. 18–19.

ZIEL: Die Bewegung durchs Wasser. *Bewertung* •••

ABSTOSSEN UND GLEITEN

DIE BEWEGUNG UNTER WASSER

Damit Sie sich daran gewöhnen, sich unter Wasser zu bewegen und unter Wasser auszuatmen, legen Sie für zusätzlichen Vortrieb **Flossen** an, holen Sie tief Luft, und stoßen Sie sich unter Wasser vom Beckenrand ab.

• Wenn der Schwung ausklingt, machen Sie eine delphinartige Wellenbewegung mit Ihrem ganzen Körper zur Fortbewegung.

• Das Gesicht ist auf den Boden gerichtet, die Arme ausgestreckt, die Hände gefaßt; so bildet Ihr Körper eine Art Pfeil, und diese Haltung, unterstützt von den Flossen, läßt Sie durch das Wasser gleiten. Atmen Sie langsam aus (sichtbar an den Luftblasen). Versuchen Sie, durch das ganze Schwimmbecken zu gleiten.

PADDELN

Die Kunst der Synchronschwimmerinnen basiert stark auf dem ***„Paddeln“.*** Es ist eine Bewegung, die Ihnen das Gefühl fürs Wasser gibt. Das Prinzip ist folgendes: Man „findet“ mit geraden Händen **neues Wasser** und drückt es von rechts nach links und nach unten. So halten Sie sich an der Wasseroberfläche. Versuchen Sie es zuerst mit **Schwimmbrettern** (s. S. 28–29), dann ohne sie, und gebrauchen Sie Ihre Handgelenke und die Kraft Ihrer Unterarme, um das Wasser wegzudrücken. Paddeln Sie unter ständiger Bewegung Ihrer Hände auch leicht mit Ihren Beinen; dabei können Sie entweder den Brustbeinschlag oder eine einfache Tretbewegung machen (s. unten).

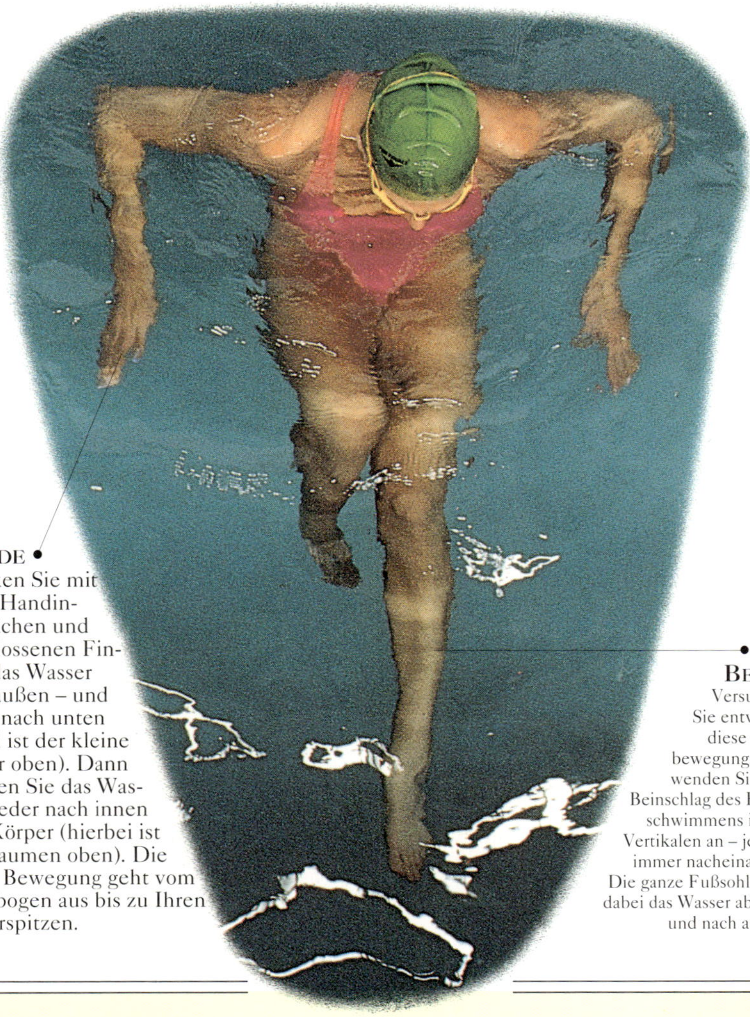

DIE HÄNDE • Drücken Sie mit Ihren Handinnenflächen und geschlossenen Fingern das Wasser nach außen – und leicht nach unten (dabei ist der kleine Finger oben). Dann drücken Sie das Wasser wieder nach innen zum Körper (hierbei ist der Daumen oben). Die ganze Bewegung geht vom Ellenbogen aus bis zu Ihren Fingerspitzen.

• **DIE BEINE** Versuchen Sie entweder diese Tretbewegung, oder wenden Sie den Beinschlag des Brustschwimmens in der Vertikalen an – jedoch immer nacheinander. Die ganze Fußsohle tritt dabei das Wasser abwärts und nach außen.

Lektion

3 Widerstand

Stellen Sie sich das Wasser als festen Körper vor. Welchen ***Widerstand*** das Wasser darstellt (gegen Ihre Körper***dichte***), finden Sie im folgenden.

1. Das Schwimmbrett flach auf dem Wasser
Stellen Sie sich ins brusttiefe Wasser, und lehnen Sie sich leicht nach vorne. Halten Sie ein **Schwimmbrett** parallel zum Boden unter Wasser, gehen Sie langsam damit vorwärts, und erfühlen Sie den Widerstand durch das Wasser.

2. Das Schwimmbrett senkrecht im Wasser
Nun wiederholen Sie Schritt 1, aber halten Sie das Brett so, daß es senkrecht im Wasser steht. Sie merken, wieviel schwerer die Vorwärtsbewegung jetzt geworden ist.

1. Flach auf dem Wasser

2. Senkrecht im Wasser

Hilfe von Schwimmgeräten

Wenn Sie den Basisübungen für das Drücken und **Gleiten** auf S. 30 folgen, können Sie intensiver Ihre Beinarbeit trainieren. Der Beinschlag gibt Ihnen Vortrieb und hält Ihren herabsinkenden Unterkörper in der Horizontalen. Üben Sie den Beinschlag mit Hilfe von **Schwimmbrett** und **Flossen.** Diese Geräte ermöglichen es Ihnen, sich ganz auf die Beinarbeit und Ihre „Energiemaschine“, die Beine, zu konzentrieren. Halten Sie das Brett fest, tragen Sie **Flossen,** und machen Sie den Beinschlag aus der Hüfte heraus mit weitgehend gestreckten – nicht steifen – Beinen. Ihre Knie sind leicht gebeugt, die Füße locker gestreckt. Bewegen Sie die Beine dicht unter der Wasseroberfläche. Während ein Bein abwärts schlägt, kommt das andere wieder hoch, immer im Wechsel.
Wenn Sie schon fortgeschritten sind, können Sie nun die *Pullbuoys* zwischen Ihre Beine klemmen.

1. Blicken Sie bei allen Beinschlagübungen mit dem **Brett** geradeaus, und strecken Sie Ihren Körper.

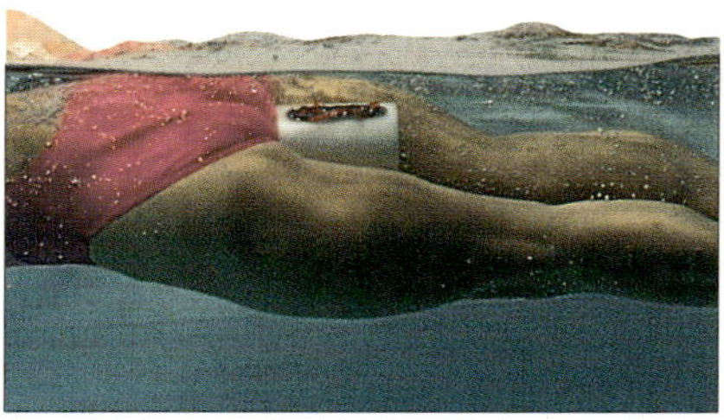

2. Die **Pullbuoys** „trennen“ Ihre Beine vom Körper und lassen Sie selbständig an der Wasseroberfläche schwimmen, während Sie sich auf das Training der Armbewegung konzentrieren.

DIE VORWÄRTSBEWEGUNG

DIE BEINKRAFT

Vergleichen Sie das Rennboot mit dem Delphinstil darunter. Die Wirbel an den Beinen der Schwimmerin zeigen die Kraft des Beinschlags. Das Boot und die Schwimmerin heben sich aus dem Wasser, wenn sie sich vorwärts treiben. Diese Bilder zeigen deutlich, daß Ihre Beine der „Motor“ sind. Achtung: Nur wenn Sie das Wasser wegschlagen, treiben Sie sich voran, schlagen Ihre Beine in die Luft, bewegen Sie sich nicht weiter. Also: Bleiben Sie mit Ihrer Beinarbeit (und Armarbeit) immer im Wasser.

Beinantrieb

DER WASSERSTROM

Dieses Bild vom Brustschwimmen (rechts) zeigt die Richtung, in die Ihre Arme das Wasser bewegen müssen: von vorne nach hinten, so daß Sie sich vorwärtsbewegen. Auf dem unteren Bild – von oben betrachtet – sehen Sie, wie sich das Wasser von dem gerade vollzogenen Rückwärtsdruck der Arme nach hinten bewegt. Wenn Sie erst einmal ein Stück der „Wasser-Wand“ hinter sich geschoben haben, müssen Sie eine neue „Wasser-Wand“ nach hinten drücken, um sich vorwärts zu bewegen. Um den Wasserstrom nicht zu unterbrechen und um Kraft zu sparen, beschreiben Sie mit Ihren Armen einen Bogen oder, noch besser, die Form eines Schlüssellochs (s. S. 48 und S. 64).

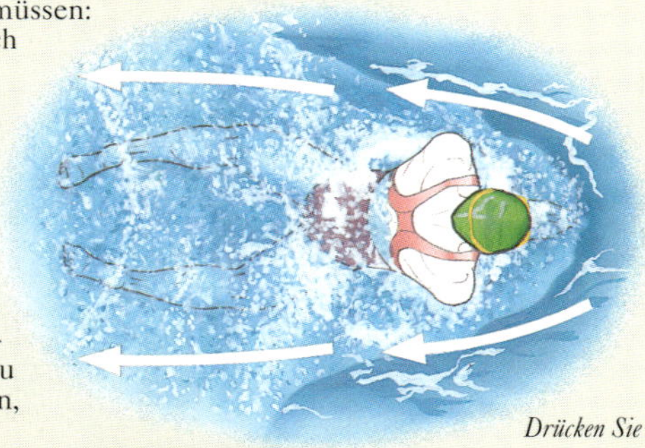

Drücken Sie das Wasser hinter sich, um voranzukommen.

Lektion

Teil 1

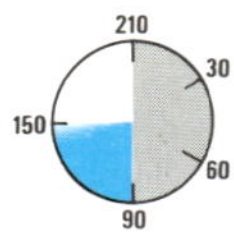

4 Brustschwimmen

Definition: *Symmetrische Arm- und Beinbewegung mit versetztem Timing bei waagerecht liegendem Rumpf*

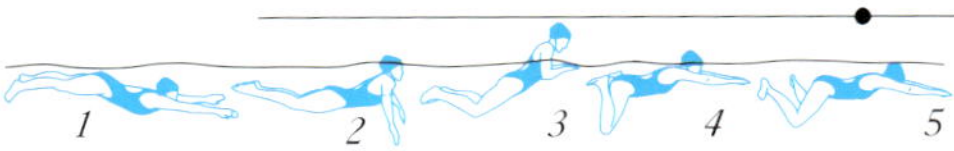

Viele Schwimmer lernen zuerst das Brustschwimmen und pflegen es als eine bequeme und erholsame Schwimmart: Sie ist die langsamste, weil auch die ***Erholungsphase*** von Armen und Beinen unter Wasser erfolgt – also immer gegen den Widerstand des Wassers. Sie ist aber tatsächlich die technisch anspruchsvollste, da sie gutes Timing und beste Koordination verlangt.

ZIEL: Symmetrisch akkurate, koordinierte und schnelle Schwimmzüge. *Bewertung* •••••

Beinarbeit

Schritt 1

Die volle Streckung

Strecken Sie Ihre Beine und Arme (rechts) ganz aus, bereit, das Wasser zu **greifen** (zu teilen) und nach hinten zu ziehen. Anfänger sollten erst das **Gleiten** üben (rechts), ehe sie diese Übungseinheit beginnen. – Beachten Sie den ***Bugwellen*****effekt**, verursacht durch die Stromlinienhaltung.

• **Die Füsse**
Die Beine sind voll ausgestreckt, während die Füße vom vorherigen Beinschlag **angewinkelt** sind (s. S. 37).

Der Kopf •
Ihr Kopf muß im Wasser liegen, um die Stromlinienform des Körpers zu unterstützen. Aber: Tiefer als hier sollte er nicht unter Wasser gehalten werden.

Schritt 2

DAS ANWINKELN

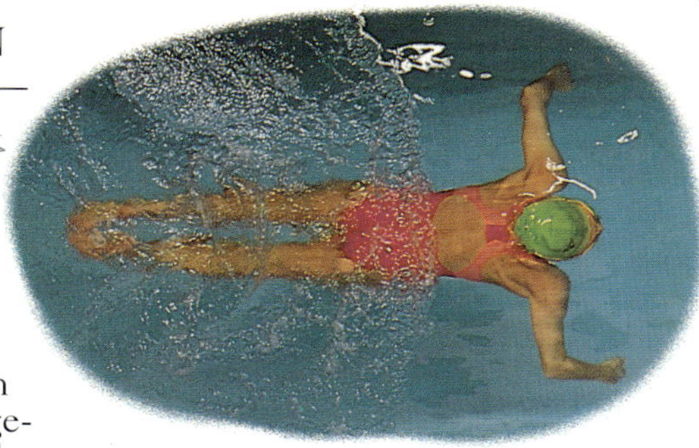

Winkeln Sie Ihre Beine in den Knien an. Bewegen Sie beim Brustschwimmen immer beide Beine gleichzeitig. Das Bild rechts zeigt die Symmetrie, die Sie anstreben sollten. In diesem Stadium vollenden Ihre Arme gerade die Antriebsphase (sie treiben Sie vorwärts).

• HALTEN SIE DIE KNIE ZUSAMMEN
Sie sollten Ihre Knie so eng wie möglich zusammenhalten, damit Sie in der schlanken Stromlinienform bleiben.

DIE ARMBEWEGUNG NACH HINTEN •
Ihre Arme **ziehen** Sie durchs Wasser. So weit, wie auf diesem Bild, werden Ihre Arme nach hinten gezogen – weiter nicht! Die Hände bewegen sich nie weiter als bis zur Schulterlinie, danach strecken Sie die Arme wieder vor (s. Schritt 3).

SYMMETRIE BEIM SCHWIMMEN

GESCHLOSSENE KNIEHALTUNG
Das Brustschwimmen sollte synchron und symmetrisch ablaufen, aber viele Leute haben eine **Schere** in ihrem Beinschlag. Das passiert, wenn ein Bein bei der Streckung nach hinten nicht ganz genau die gleiche Bewegung macht wie das andere (s. S. 37). Damit Sie sich gleich den symmetrischen Beinschlag angewöhnen, klemmen Sie sich ein *Schwimmbrett* zwischen die Oberschenkel und Knie (wie oben). Das wird Ihnen etwas schwerfallen, weil Sie nur die Unterschenkel benutzen können und damit weniger Antriebskraft haben. Aber diese Übung ist wichtig, um den *Scherschlag* von Anfang an zu vermeiden.

Lektion 4

Schritt 3

Die Erholungsphase

Winkeln Sie Ihre Beine stark an, und bringen Sie die Füße nahe an die Wasseroberfläche. Halten Sie Ihre Hacken so eng zusammen wie möglich, aber ohne daß sie sich berühren. Ihre Füße sind **nach unten-außen gedreht.** Dieser Moment leitet die *Erholungsphase* für die Beine ein – der Phase, die letztlich die Beine in die gestreckte Ausgangslage bringt. Auch Ihre Arme gehen in die Erholungsphase; sie haben die ***Zug*bewegung** beendet, nun ziehen Sie sie an den Körper und strecken sie nach vorne. (Sehen Sie sich dazu auch die Aufnahme von oben an – unten auf der Seite.) Diese Armaktion hebt automatisch Ihren Oberkörper aus dem Wasser – und bietet Ihnen die ideale Gelegenheit, luftzuholen.

Luftholen

In diesem Stadium hebt sich Ihr Kopf aus dem Wasser. Holen Sie also Luft, bevor Sie sich nach vorne strecken. Atmen Sie bei jedem Schwimmzug – nicht bei jedem zweiten oder dritten.

Die Fersen

Wenn sich Ihre Knie beugen und leicht auseinandergehen, sollten Ihre Fersen etwa hüftbreit auseinander sein.

Quetschen und rudern

Während Sie Ihre Ellenbogen an den Körper „quetschen", machen Ihre Hände eine Art seitlicher **Ruderbewegung** – die Handinnenflächen drehen sich von der leichten Auswärtshaltung zueinander, die Finger zeigen bei der Drehbewegung nach unten und schließlich nach vorne (s. S. 31).

Von oben

Die Aufnahme von oben (links) zeigt deutlich, wie die Beine auseinandergehen und die Arme eng an den Körper gepreßt und dann nach vorne gestreckt werden, nachdem Sie Ihre **Zugbewegung** durch das Wasser beendet haben. Sie können sehen, wie die Ellenbogen eng angewinkelt sind und die Finger nach vorne, die Handinnenflächen zueinander zeigen, bereit für die nächste Streckung und den nächsten Armzug.

Schritt 4

DER BEINSCHLAG

Beugen Sie die Beine so stark an, daß die Füße an Ihren Körper kommen. Die Füße sind auf 90° zum Schienbein **angewinkelt** und nach außen gedreht. Schlagen Sie nach hinten-außen. Setzen Sie den Beinschlag von der Hüfte aus an. Schlagen Sie dann die Beine zusammen, und bringen Sie sie bis zur vollen Streckung in die Waagerechte. Am Ende des Beinschlags befinden Sie sich wieder in der *Gleitphase* (s. S. 34).

Von oben

• DER KOPF
Ihr Kopf neigt sich mit dem Gesicht ins Wasser. Atmen Sie aus, sobald Ihr Gesicht ins Wasser eintaucht.

DIE ARMHALTUNG •
Bis zum Ende des Beinschlags haben sich auch Ihre Arme wieder **ganz gestreckt.** Sie stoßen geradezu Ihre Arme nach vorne.

DIE FÜSSE •
Mit **angewinkelten** Füßen (die Zehen sind in Richtung Schienbein angezogen) **treten** Sie **gegen das Wasser** und schieben es nach hinten. Die Spannung der Beine merken Sie bis zur Hüfte.

DER SCHLAG
Der bisherige Beinschlag kam aus steifer Körperhaltung, aber heute ist der fließende *Peitschenschlag* gebräuchlich, wobei Füße und Fußgelenke geschlossen an den Körper hochkommen, um sich dann zu teilen, zurückzustoßen und wieder zusammenzukommen.

KONTROLLISTE FÜR DEN BEINSCHLAG

EIN ÜBERBLICK

Diese Aufnahme von der Beinschlagpause hebt mehrere wichtige Punkte des Brust-Beinschlags hervor:

- Es ist die einzige Schwimmart, bei der Sie die Zehen anziehen und nicht strecken. Die Füße sind **angewinkelt,** wenn sie arbeiten, und leicht gestreckt und entspannt in der *Erholungs-*, also *Gleitphase.*
- Der Beinschlag sollte in seiner Form wie ein klares, symmetrisch gemaltes Herz aussehen.
- Der Beinschlag hat nichts mit dem des Delphinbeinschlags (s. S. 61) zu tun, dennoch ist auch er eine gewisse **Peitschenaktion.**

Symmetrische Körperhaltung

Nach außen gerichtete und angewinkelte Füße •

Lektion 4

DIE ARMBEWEGUNG

Schritt 1

DAS „GREIFEN“

Sie haben den Beinschlag beendet; Ihre Beine sind wieder zusammen und gestreckt. Ihre Arme sind auch nach vorne gestreckt. Nun versuchen Sie, das Wasser zu **„greifen“**, und **ziehen** dabei Ihre Arme diagonal nach unten-außen. Blicken Sie nach vorne, und sehen Sie, wohin Sie sich bewegen. Nicht auf den Beckenboden schauen.

DAS GESÄSS BLEIBT OBEN
Wenn Sie Ihren Beinschlag vollendet haben, sollte Ihr Gesäß die Wasseroberfläche berühren.

ARME UND HÄNDE TEILEN DAS WASSER
Winkeln Sie Ihre Arme noch nicht ab – das würde bremsen. Nutzen Sie den Vortrieb vom Beinschlag eine Weile. Halten Sie die Arme knapp unter der Wasseroberfläche, drehen Sie die Handinnenflächen aus – dabei ist der kleine Finger jeweils oben.

DEN BEINSCHLAG NUTZEN
Der kraftvolle Tritt nach hinten treibt Ihren Körper vorwärts. – Nutzen Sie diesen Vortrieb, um eine Strecke zu **gleiten**, bevor Sie wieder mit Ihren Armen ziehen.

NACH DEM STARTSPRUNG

GERADE WIE EIN PFEIL
Für Wettkampfschwimmer ist diese gestreckte **Gleithaltung** zu Beginn für den Bruchteil einer Sekunde lang eine Ruhephase – ohne vorantreibende Arm- oder Beinaktion. Strecken Sie sich dabei, so daß Ihre Körperlängsachse eine Gerade bildet.

HÖHE GEWINNEN

DIE QUETSCHÜBUNG
Um die nötige Höhe zu gewinnen, üben Sie das „Quetschen“ der Arme am besten, indem Sie den Delphinbeinschlag mit Flossen machen. Sie können den Brustbeinschlag n i c h t mit Flossen machen, weil Sie Ihre Füße nicht weit genug **verdrehen** können. Versuchen Sie, Was-ser vor sich herauszuspritzen, wenn Sie Ihre Arme zusammen und aufwärts bewegen.

Schritt 2

DER ARMZUG

Senken Sie die Arme – Ihre Hände **ziehen** seitwärts nach unten-hinten. Die Finger sind leicht geöffnet und „greifen“ das Wasser. Am tiefsten Punkt der Bewegung bilden die Unterarme einen Winkel von 90° zum Körper. Die Oberarme bilden mit der Schulter eine Linie bis zum abgewinkelten Ellenbogen. Ihre Hände gehen nicht weiter zurück als bis zur Schulterlinie.

Schritt 3

DAS QUETSCHEN

Quetschen Sie die Ellenbogen ganz eng an Ihren Körper, so bringen Sie sich zur vollen Höhe aus dem Wasser und können Luft holen. Ihre Arme treiben Sie in diesem Moment nicht voran, daher können die Handinnenflächen zusammen- oder übereinander gehalten werden (in möglichst schlanker Stromlinienform).

FERTIGMACHEN •
Gleich strecken Sie Ihre Arme nach vorne (unterstützt vom Beinschlag).

AUSATMEN •
Die Blasen zeigen, daß Sie das Ausatmen fast beendet haben.

• PADDEL
Machen Sie das beste aus Ihren *„Paddeln“*, die von Ihren Fingern bis zu den Ellenbogen reichen; benutzen Sie also nicht nur Ihre Hände. Die Hände sollten locker und nicht steif gehalten werden.

Lektion

4

Schritt 4

DIE STRECKUNG

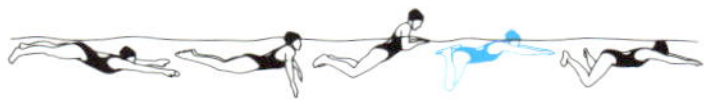

Wenn Ihre Fersen geschlossen zum Gesäß kommen und bereit sind, nach hinten wegzuschlagen, strecken Sie Ihre Arme ganz lang nach vorne. In diesem Moment sollte Ihr Kopf halb im Wasser liegen, und Sie sollten gerade Luft geholt haben. Lassen Sie Ihre Arme ganz gestreckt – die Luftblasen auf dem Foto zeigen die Wirkung des kraftvollen Vorstreckens der Arme.

WEITER VORWÄRTS •
Ihre Hände **fassen nach vorne.** Solange Ihre Handinnenflächen noch weitgehend zusammen sind – um den **Wasser*widerstand*** möglichst gering zu halten –, ist es nicht wichtig, ob sie zueinander oder nach unten gerichtet sind.

• FERSEN ANS GESÄSS
Achten Sie darauf, daß Sie die Fersen wirklich so hoch und so dicht an das Gesäß ziehen wie möglich.

• DIE ARMHALTUNG
Vergessen Sie nicht: Gerade Arme machen Ihren Körper stromlinienförmig.

• DIE KNIE
Ziehen Sie die Knie unter Ihre Hüften, und halten Sie die Hüften so hoch wie möglich – um den **Wasserwiderstand** gering zu halten.

BLEIBEN SIE IN STROMLINIENFORM

GERINGER WIDERSTAND
Halten Sie die Arme knapp unter der Wasseroberfläche, wenn Sie sie nach vorne strecken, und den Kopf herunter, so daß Ihr Körper von den Fingerspitzen bis zum Gesäß so stromlinienförmig wie möglich ist. Wenn Sie beim **Beinschlag** die Hände möglichst eng zusammenhalten, ist Ihr Wasser*widerstand* gering. Versuchen Sie den Widerstand so gering wie möglich zu halten, wenn nicht, kann Ihr ganzer Schwimmstil allzu leicht ruckartig werden.

SYMMETRIE BEI DER BEWEGUNG

SPIEGELBILD-BEWEGUNGEN
Denken Sie sich bei den Bildern aus Fuß- und Kopfperspektive eine vertikale Linie durch die Mitte des Brustschwimmers. Sehen Sie die Symmetrie in der Arm- und Beinbewegung. Unten können Sie die Hauptphasen der Arm- und Beinaktion sehen. Achtung: Die Hauptaktionsphase des Beinschlags findet nicht gleichzeitig mit der des Armzuges statt (die Abbildungen untereinander sollen keine Gleichzeitigkeit demonstrieren).

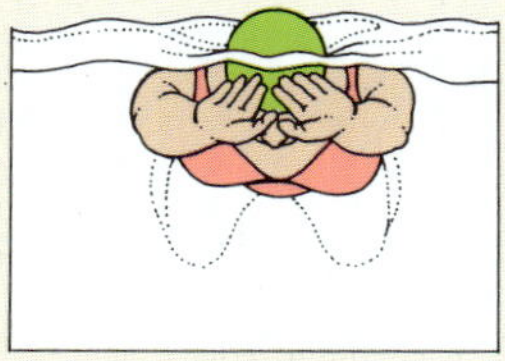

1. Volle Streckung, Gesicht liegt im Wasser

2. Armzug nach hinten, hohe Ellenbogen

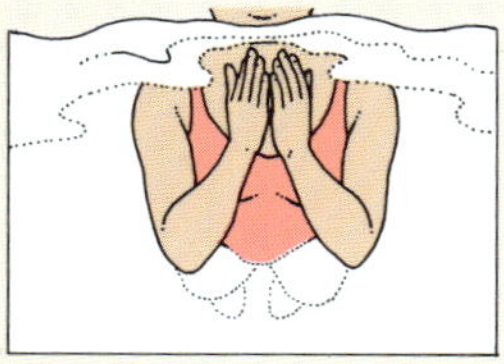

3. Hände zusammen und hochgezogen zur Erholung

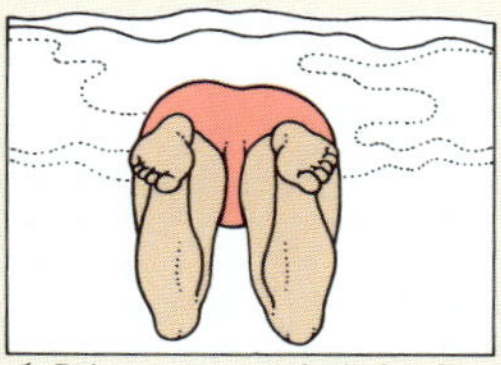

1. Beine angezogen, fertig für den Beinschlag

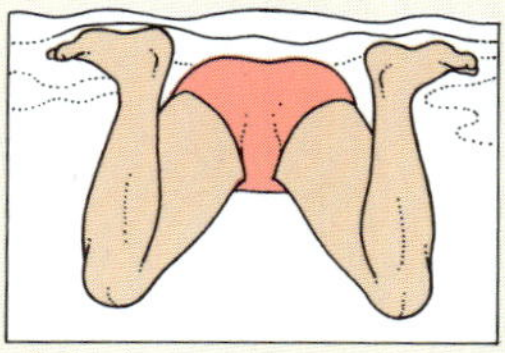

2. Rückwärtstritt, angewinkelte Füße

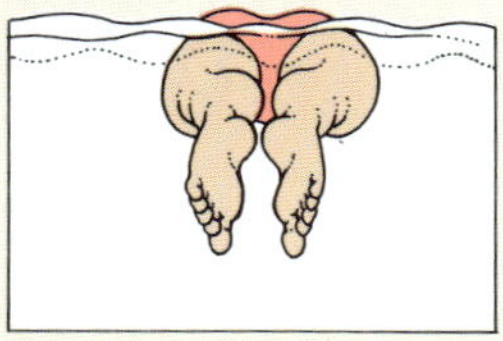

3. Geschlossen bei voller Körperstreckung

Schritt 5

DIE VOLLENDUNG

Wenn Sie mit den Beinen kraftvoll nach hinten treten (beachten Sie die Blasen an den Füßen), halten Sie den Kopf tief und Ihre Arme stromlinienförmig gestreckt. Versuchen Sie, Ihre Arme so dicht wie möglich an die Wasseroberfläche zu bringen, während Sie sich in Ihrer *Erholungsphase* strecken.

• DIE BEINE
Ob Sie den *Peitschenschlag* oder den weiteren *keilförmigen* Beinschlag machen, schlagen Sie immer mit beiden Beinen gleichzeitig – vermeiden Sie unbedingt den *Scherschlag*. Machen Sie Ihre Schwimmzüge rhythmisch, kräftig und gleichmäßig; *schlängeln* Sie sich durch das Wasser.

PRÜFEN SIE DIE ARMHÖHE •
Wenn Sie den Beinschlag beenden, sollten Ihre Arme möglichst höher und damit stromlinienförmiger im Wasser liegen als hier.

Lektion
4

Ins Wasser greifen •
Die Hände bewegen sich nach unten-außen, die Handinnenflächen sind ausgedreht, wenn Sie das Wasser **greifen.**

Beugen und ziehen •
Die Beine beginnen, sich zu beugen, wenn die Arme den tiefsten Punkt des **Arm*zugs*** erreichen.

Die ganze Sequenz

Die ganze Folge zeigt deutlich, wie sich Arme und Beine bei einem flüssigen Stil bewegen sollten, und wie Sie den Impuls wie beim Delphinschwimmen in den Beinen erhalten. Beachten Sie immer die besondere Wechselwirkung zwischen Armen und Beinen. Wenn die Arme arbeiten, erholen sich die Beine, wenn die Beine arbeiten, erholen sich die Arme. Arme und Beine arbeiten ununterbrochen, um Sie vorwärts zu treiben. Es gibt kaum Bewegungsabläufe über Wasser (außer der Atmung und dem Zusammenquetschen der Arme). Ihre Aktionen müssen präzise sein, um den Wasserwiderstand zu überwinden.

Beinbewegung
Die Beinbewegung setzt sich mehr aus Schlag-***Erholung*** – Schlag-***Erholung*** zusammen als aus dem „Maschinen"-Effekt anderer Stilarten, wo Ihre gestreckten Füße eher wie ein Motor arbeiten. Das Timing ist wichtig: erst der Beinschlag, dann der Armzug.

ÜBUNGEN FÜRS BRUSTSCHWIMMEN

BEINSCHLAG

Halten Sie die Hände am Gesäß, und machen Sie nur den Brustbeinschlag. Versuchen Sie, bei jedem Beinschlag die Fersen zu berühren (unten). Mit dieser **Übung** lernen Sie, Ihre Füße synchron an Ihren Körper zu bringen.

KOPF RUNTER

Anfänger halten den Kopf lieber hoch und das Gesicht über Wasser. Aber Sie sollten sich darauf konzentrieren, den Kopf t i e f zu halten. Nur so können Sie schneller sein (d. h. den **Wasser*widerstand*** besser überwinden) und zu einem guten Rhythmus kommen.

• ENGES ANQUETSCHEN
Klemmen Sie die Ellenbogen ganz eng an Ihren Oberkörper. Wenn Sie das Wasser vorne herausquetschen, haben Sie es gut gemacht.

WICHTIGE TIPS FÜRS BRUSTSCHWIMMEN

Folgen Sie den Schritten 1 – 5, und üben Sie einen gleichmäßigen Stil. Je lockerer Sie anfangen, desto mehr Spaß finden Sie am *Gleiten*. Halten Sie Hüfte und Gesäß hoch. Ihr Kopf sollte in der vollen Streckphase idealerweise etwas tiefer gehalten werden, wegen der Stromlinienform. Ihre Hände *„greifen"* das Wasser und *ziehen* es nach unten-außen, die Finger sind entspannt und leicht geöffnet (Schritte 1 und 2). Ihre Hände kommen unter der Brust schnell zusammen, so daß sie ihre eigene *Bugwelle* machen (Schritt 3). Ihre Füße sind stark **angewinkelt,** bereit, nach hinten zu treten. Strecken Sie Ihre Arme nach vorne, während Ihr Gesicht ins Wasser taucht und Sie ausatmen (Schritt 4). Nachdem Sie mit den Füßen nach hinten getreten und sie wieder geschlossen haben (Schritt 5), sind Sie erneut in der *Gleitphase*.

• TIEFE KOPFHALTUNG
Der Kopf wird wieder gesenkt und die Füße wieder an den Körper gezogen, fertig für den nächsten Beinschlag.

VOLLENDUNG •
Die Arme werden gestreckt. Die **angewinkelten Füße** treten nach hinten gegen das Wasser. Nun **gleiten** Sie eine Weile und bewegen sich dann wieder.

Lektion

Teil 1

5 RÜCKENSCHWIMMEN

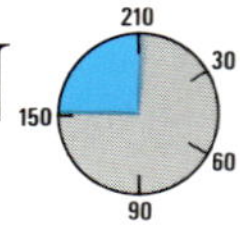

Definition: *Ein Wechselschlag in Rückenlage ohne Blick auf das Ziel.*

RÜCKENSCHWIMMEN – GENAUER „RÜCKENKRAULEN" – ist die drittschnellste Schwimmart. Sie ist die einzige, bei der das Gesicht nicht ins Wasser taucht (obwohl Sie unweigerlich Wasser ins Gesicht bekommen), so daß das Training für die Atmung nicht so kritisch ist wie bei den anderen Stilarten. Deshalb kann es günstig sein, diesen Stil zuerst zu lernen – vorausgesetzt, daß es Ihnen nichts ausmacht, nicht zu sehen, wohin Sie schwimmen.

ZIEL: Vortrieb in Rückenlage in möglichst gerader Bewegungsrichtung. *Bewertung* ••••

SCHWIMMBRETTÜBUNG

Bevor Sie den ganzen Schwimmstil ausprobieren, üben Anfänger lieber erst einmal, mit dem **Brett** wie ein Kissen unter dem Kopf auf dem Rücken zu treiben. Praktizieren Sie dieses, bis Sie sich in der Rückenkraul-Lage wohl fühlen. Diese Übungshaltung ist angenehm für die Atmung und hält den Körper horizontal und hoch im Wasser.

FLACH AUSGESTRECKT
Diese **Übung** hilft Ihnen, in der Rückenlage horizontal zu bleiben – entgegen der natürlichen Tendenz der Beine, abzusinken. Versuchen Sie, möglichst noch höher und flacher zu liegen, als im Bild unten gezeigt wird – drücken Sie Ihre Hüfte nach oben.

DAS SCHWIMMBRETT •
Es gibt Ihnen Auftrieb, ermöglicht es Ihnen aber auch, Ihr Kinn leicht auf die Brust zu nehmen und damit die korrekte aerodynamische Kopfhaltung für das Rückenkraulen einzunehmen.

Dieses Bild vom Rückenkraulen (rechts) zeigt die gerade, wasseroberflächennahe Haltung, die Sie erreichen sollten. – Es ist das gleiche Prinzip wie beim Kraulen, nur hier in Rückenlage.

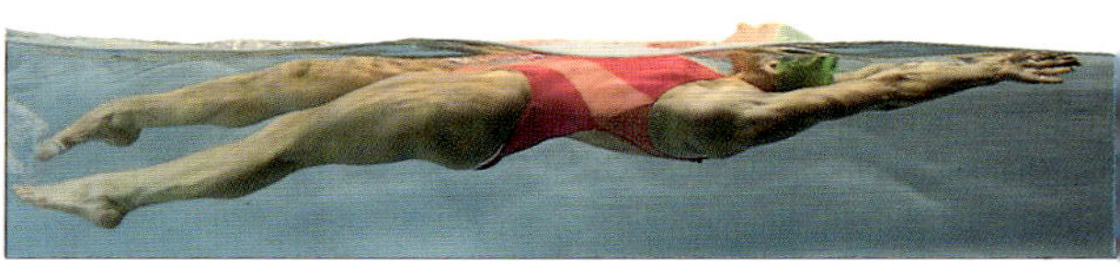

FLOSSEN FÜR DIE FLEXIBILITÄT

DIE KRAFT VON PADDELN

Flossen lassen Sie spüren, wie beweglich die Fußgelenke und Zehen für den Rückenkraul-Beinschlag sein sollten. Sie verhelfen Ihnen auch zu einem weiten (tiefen) Beinschlag und halten die Füße unter Wasser – wichtig für einen guten Auftrieb. Die Füße sollten die Wasseroberfläche nur ganz leicht durchbrechen – wenn überhaupt! Ein kraftvoller Beinschlag heißt nicht, daß viel Wasser spritzt. Tatsächlich bedeuten Spritzer gewöhnlich, daß Sie in die Luft treten, und das gibt überhaupt keinen Impuls. Die Knie müssen für den Beinschlag abwärts leicht gebeugt sein, vermeiden Sie, „Fahrrad zu fahren", das vergeudet Energie. Flossen helfen, die Beine so gerade wie möglich zu halten, obwohl sie *locker* sein sollten – d. h. entspannt und nicht steif.

SCHLAGÜBUNG

Perfektionieren Sie nun eine gute Körperhaltung beim Rückenkraul-Beinschlag. Mit **Flossen** an den Füßen und über den Kopf gestreckten Armen drücken Sie ein Bein herab, während das andere hochkommt (s. Kasten oben). Der Beinschlag ist dem des Kraulens sehr ähnlich – er geht von der Hüfte und der Oberschenkelmuskulatur aus. Sie können fühlen, wie Ihr Körper um die Längsachse rollt – die zwischen den Händen anfängt und zwischen den Füßen aufhört. Der Schlüssel zu gutem Rückenkraulen liegt nicht alleine darin, daß Sie flach auf Ihrem Rücken schwimmen, sondern daß Sie mit jedem Schlag in einer Schaukelbewegung von einer Seite auf die andere rollen.

ARME UND HÄNDE •
Halten Sie die Arme ausgestreckt, die Handinnenflächen nach oben, die Daumen berühren sich oder liegen übereinander (wenn Sie wollen, kreuzen Sie die Handgelenke, oder verschränken Sie die Hände). Das bringt Ihren Körper in eine Pfeilform und ermöglicht Ihnen, wie ein Bootsbug durch das Wasser zu gleiten. Wenn Sie die Arme an Ihre Seite legen, verursachen Ihre Schultern eine Art Wellenbrecher und stoppen Sie.

BLICKEN SIE IN DIE RICHTIGE RICHTUNG
Anfänger fühlen sich beim Rückenkraulen oft unsicher, weil sie nicht sehen, wohin sie schwimmen. Anstatt an die Decke zu blicken, was Ihren Kopf zu weit nach hinten beugt und in die falsche Position bringt, wählen Sie einen Punkt an der Wand, von der Sie sich gerade fortbewegen, und fixieren Sie ihn. So bleiben Sie in Ihrer Bahn.

DEN MOTOR AUF TOUREN BRINGEN •
Flossen verstärken Ihre „Maschine", die Beine.

Lektion 5

BEINARBEIT

BEINSCHLAG OHNE PAUSE

Der Rückenkraul-Beinschlag ist ein andauernder Wechsel im Auf und Ab der Beine: Den Schlag, den Sie auf S. 45 schon lernten, üben Sie, bis Sie sicher sind. Lassen Sie den Armzug noch aus. Wenn Sie erst einmal den Beinschlag beherrschen und automatisiert haben, sind Sie auf dem besten Weg zu gutem Rückenkraulen. Schlagen Sie Ihre Beine in einer langen, relativ geraden, von Hüfte, Gesäß und Oberschenkeln ausgehenden Bewegung auf und ab (nicht aus den Knien schlagen).

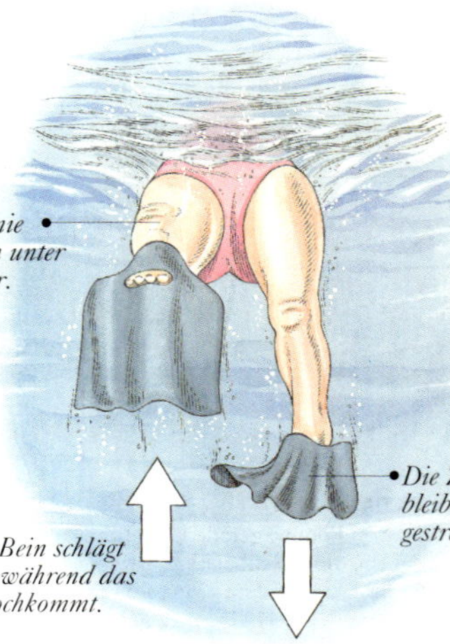

AUF UND AB
Oben: Strecken Sie den Fuß und die Zehen in der kraftvollen Aufwärtsbewegung. Bei der Abwärtsbewegung halten Sie das Bein so gerade wie möglich. Schlagen Sie vom Gesäß und Ihren Oberschenkeln aus. Die **Flossen** verhindern, daß Ihre Knie über die Wasseroberfläche kommen.

FALSCH
Hier ist das Knie zu stark gebeugt – bewegen Sie es nicht mehr als bis zu 45°. Wenn Sie es doch tun, „treten" Sie ganz einfach „Wasser", und das gibt Ihnen keinen Vortrieb.

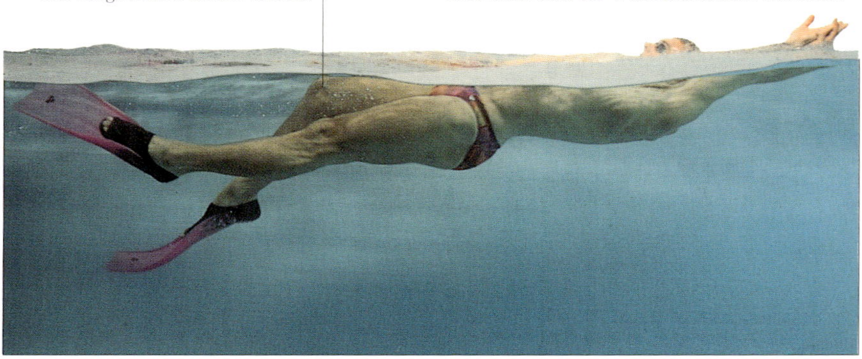

RICHTIG
Halten Sie die Beine möglichst gerade. Ihre Füße wühlen die Wasseroberfläche auf, durchbrechen sie aber nicht.

Strecken Sie die Arme hinter den Ohren über Ihren Kopf, wie auf S. 45.

DER ARMZUG

Schritt 2

DER KLEINE FINGER ZUERST

Eine Hand ist über dem Wasser (der kleine Finger führt die Bewegung an), während die andere gerade eingetaucht ist – mit dem kleinen Finger zuerst. Der Beinschlag geht ununterbrochen weiter. Das Bild unten zeigt eine Position ganz kurz nach der der blauen Figur oben.

ER ZEIGT DEN WEG
Oben: Der kleine Finger führt die Hand aus dem Wasser.

HOCH UND HINÜBER •
Dieser Arm kommt gerade hoch (und er taucht sozusagen über Ihrem Kopf wieder ein). Der andere Arm *greift* das Wasser, **zieht** sich angewinkelt bis zur Höhe der Schulter hindurch und wechselt dann zum **Drücken** bis zum Oberschenkel, wobei er sich völlig streckt.

ALTERNIERENDES ROLLEN DES KÖRPERS
Lassen Sie Ihren Körper nach links rollen, sobald die linke Hand ins Wasser eintaucht – und umgekehrt. Nicht steif werden. Dieses Rollen gibt Ihnen Tiefe, sorgt dafür, daß die Arme soviel Wasser wie möglich zum **Ziehen** und **Drücken** vorfinden.

LOCKER BLEIBEN
Wenn Ihr Arm seitlich nach unten zieht, halten Sie Ihre Finger **locker,** d. h. weder steif noch zusammengepreßt noch weitgespreizt.

DAS WASSER „GREIFEN"
Wenn Ihr rechter Arm, unter Führung des kleinen Fingers, ins Wasser taucht, suchen Sie von der rechten Schulter abwärts *„neues Wasser"* (s. S. 33) für ein schnelles **„Durchdrücken"**.

Lektion

5

Schritt 3

Zug – Druck

Sobald Ihre linke Hand die Schulterhöhe passiert hat, wechselt sie von der *Zug- zur Druckbewegung.*
Je härter Sie mit der Hand drücken, desto besser bereiten Sie das Eintauchen der anderen – sich **erholenden** – Hand vor, die nun bei voller Armstreckung über dem Wasser ist. Tun Sie so, als ob Sie mit der sich erholenden Hand die Decke berühren wollen. Strecken Sie den Arm hoch heraus, indem Sie Ihre Schulter beinahe in Ihr Gesicht heben.

Die Erholungs- – inaktive – Hand

Drehen Sie Ihre Handinnenfläche weg vom Körper nach außen, bereit; wieder einzutauchen. – Der kleine Finger führt.

Kopf und Gesicht

Blicken Sie diagonal zurück an die Wand, von der Sie wegschwimmen, und nicht hoch zur Decke. Lassen Sie während des ganzen Schwimmzuges Ihre Ohren im, aber Ihr Gesicht über Wasser. Atmen Sie ein, wenn sich ein Arm erholt, atmen Sie aus, wenn sich der andere **erholt.**

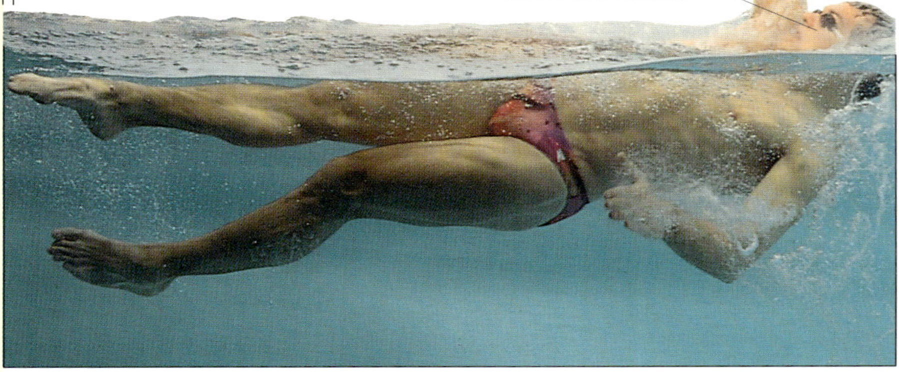

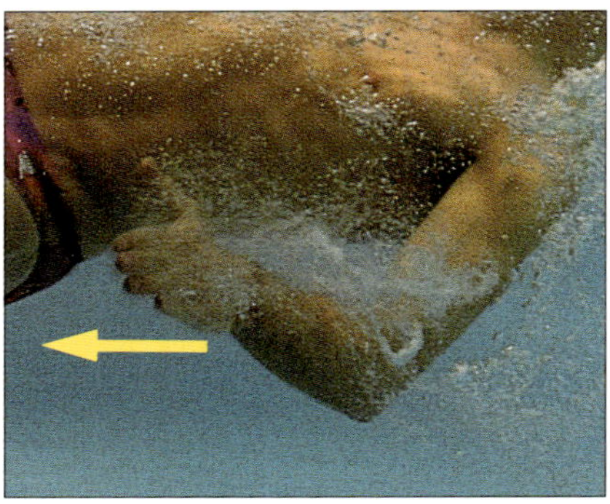

DIE HANDHALTUNG

Beachten Sie die rechtwinklige Handhaltung am Aktionsarm. Dieser Winkel gibt dem Arm Kraft, wenn er die ***Zug*phase** beendet und in die ***Druck*phase** überwechselt.

— *DIE GUTE FORM* —

MACHEN SIE EINE S-FÖRMIGE BEWEGUNG

Ein S-förmiger Armzug durch unterschiedliche Wassertiefe garantiert, daß der aktive Arm *„neues Wasser“* zur Fortbewegung findet. Wenn der Arm in gerader Linie ziehen würde, träfe er auf weniger **Wasser*widerstand*** und gäbe dem Körper weniger Schwung.

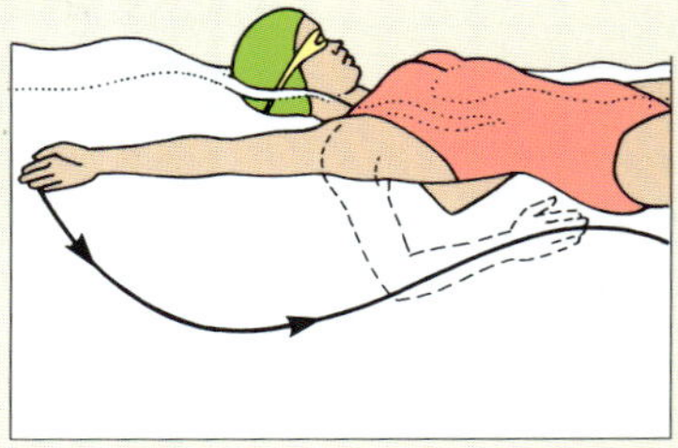

Schritt 4

DIE VOLLE STRECKUNG

Am Ende der Druckphase der linken Hand streckt sich der linke Arm, so daß er das Wasser nach unten und gegen den Oberschenkel drückt – machen Sie ihn nicht steif. Ein starker Abwärtsdruck des einen Armes unterstützt den anderen beim Eintauchen; und ein schnelles Eintauchen bewirkt ein tieferes Greifen des anderen Armes ins Wasser und größere Kraft am Ende der Druckphase. Also: Das Timing ist entscheidend. Am Ende der Druckphase macht das Handgelenk eine leicht „peitschende" Bewegung (die Finger federn herab, geradeso wie eine gepeitschte Reitgerte). Beachten Sie auf dem Bild unten (in der Aktion direkt vor der blauen Figur oben) die Blasen, die durch die Kraft des Armdrucks entstehen, und die ***Bugwelle*** am vorläufig noch **inaktiven** Arm, die durch den Vortrieb entsteht.

KORREKTE INNENHAND-HALTUNG
Nachdem sich der Arm gestreckt hat, dreht sich die Hand, so daß die Handinnenfläche nach unten zeigt. Der kleine Finger ist bereit, als erster aus dem Wasser zu kommen.

Das Rückenschwimmen von oben.

AKTION UND REAKTION
Rechts: Wenn ein Arm intensiv arbeitet, geht die Gegenschulter natürlicherweise hoch. Man rollt hin und her. Sehen Sie dieses als Folge von „heben – rollen – drücken" an: Wenn sich ein Arm hebt, rollt der Körper zur Gegenseite, der Gegenarm taucht ein, und die Hand des aktiven Armes drückt das Wasser herunter.

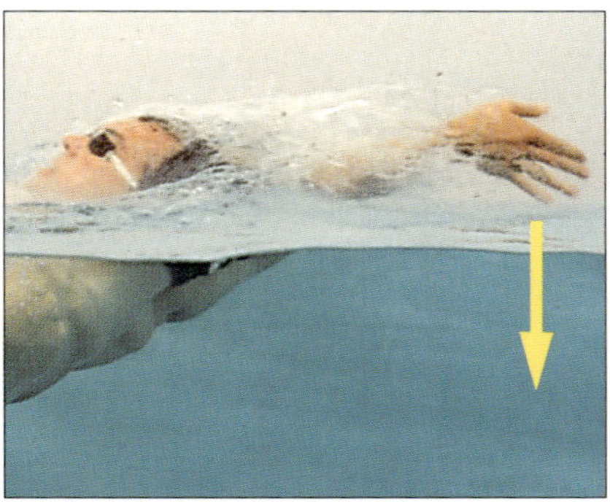

DAS EINTAUCHEN
Die Hand taucht mit der Handkante ein – der kleine Finger führt. Sie taucht recht tief ein, das verbessert erheblich das ***Greifen*** des Wassers.

Lektion

5

• ROLLEN
Stellen Sie sich eine Latte auf der Längsachse Ihres Körpers vor, auf der Sie sich hin- und herrollen. Bleiben Sie dabei dicht an der Wasseroberfläche.

ANGEWINKELTER KOPF •
Blicken Sie diagonal an die entfernte Stirnwand, nicht an die Decke der Halle.

GUTES EINTAUCHEN •
Wenn die Hand mit dem kleinen Finger zuerst eintaucht, hat sie eine gute **Greif-** und **Zug-*Haltung*.**

DER BEINSCHLAG •
Er beginnt in den Oberschenkeln; überdehnen Sie Ihre Knie nicht. Ein großer Teil des Beinschlags findet in Seitenlage statt – wegen der Rollbewegung des Körpers.

DIE GANZE SEQUENZ

Diese ganze Sequenz zeigt, wie wichtig und hilfreich die seitliche Rollbewegung Ihres Körpers für die Arme ist – von der Schulter bis zum kleinen Finger: einzutauchen, den Körper durch das Wasser zu **ziehen,** und dann das Wasser wegzu**drücken** und immer wieder ***„neues (mehr) Wasser"*** zu finden. Bedenken Sie: Das Rückenkraulen – wie Brustkraulen – benötigt wechselnde Armbewegungen. Sie kommen von Ihrer Richtung ab, wenn eine Armaktion stärker oder geradliniger als die andere ist. Ein häufiger Fehler passiert, wenn ein Arm in einem anderen Abstand vom Körper eintaucht als der andere. Verlangsamen Sie den Armzug, um sich neu auf die Perfektionierung des Schwimmstils zu konzentrieren. Es ist viel einfacher, mit einem guten Stil auf Geschwindigkeit zu trainieren als andersherum.

DIE BEINE •
Lassen Sie die Beine arbeiten wie einen Motor, so daß Sie immer dicht an der Wasseroberfläche bleiben. Halten Sie sie so eng zusammen und so gerade wie möglich, strecken Sie die Zehen.

WIEVIEL BEINSCHLÄGE?
Wettkampfschwimmer machen grob gesehen 6 bis 8 Beinschläge pro Armzug. Sie machen mehr für die Sprintstrecken und weniger für die Langstrecken.

DOPPELARMZUG

EINE BRAUCHBARE VARIANTE

Das Üben von simultaner Armaktion hilft: 1. bei der Gewöhnung an die Rückenkraul-Haltung und den Armdruck mit gebeugten Ellenbogen; 2. bei der Perfektionierung des geraden Eintauchens. Achtung: Sie können nicht von einer Seite auf die andere rollen, wenn Sie diesen Armzug üben.

ERHOLUNG (des inaktiven Arms) Über der Schulter dreht sich die Hand leicht und ist bereit, einzutauchen, der kleine Finger führt.

GEGEN DIE UHR

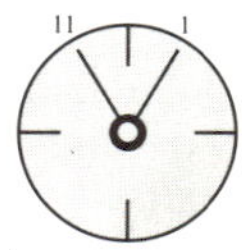

Stellen Sie sich beim Eintauchen der Hände das Zifferblatt einer Uhr vor: Ihr Kopf liegt auf der **12.** Die rechte Hand – der kleine Finger führt – sollte auf der **11** eintauchen, während die linke Hand an Ihrem Oberschenkel vorbei aus dem Wasser kommt, sich hebt und auf der **1** wieder ins Wasser taucht; d. h., tauchen Sie die Hände in Verlängerung der jeweiligen Schulter ein, nicht zu seitlich und nicht über dem Scheitel Ihres Kopfes. Vorsichtiges Eintauchen (und Auftauchen) der Hände – der kleine Finger führt – reduziert überflüssiges Spritzen und **Wasserwiderstand.**

DURCHZIEHEN
Die Hand **zieht** und **drückt** seitwärts-abwärts S-förmig an der Schulter vorbei und auf den Körper zu. Vergessen Sie nicht: Ziehen Sie mit geradem Arm, erreichen Sie einen ähnlichen Effekt, wie wenn Sie in einem Fluß in die gleiche Richtung ziehen, wie sich die Strömung bewegt, Sie stoßen auf weniger ***Widerstand*** und erreichen so nur einen geringen Impuls.

DIE SCHULTER HEBT SICH
Der linke Arm streckt sich von der Schulter aus, die als erstes das Wasser verläßt. Dann folgt der Arm, dann die Hand, die sich so dreht, daß der kleine Finger am höchsten ist.

Lektion

6 KRAULEN

Teil 2

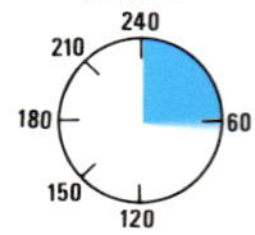

Definition: *Ein Wechselschlag in Bauchlage; das Gesicht ist im Wasser.*

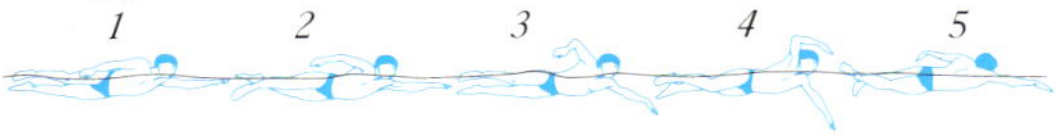

DIESES IST DER SCHNELLSTE und möglicherweise beliebteste Schwimmstil. Er wird so häufig bei Freistil-Wettkämpfen (wo Schwimmer die freie Wahl haben) angewandt, daß viele Leute heute schon *Freistil* mit Kraulen gleichsetzen. Das Timing von Atmung und Armaktion ist entscheidend.

ZIEL: Eine gleichmäßige, schnelle und koordinierte Aktion. *Bewertung* ••••

BEINSCHLAG

FLOSSENARBEIT

Fangen Sie mit dem Üben des Beinschlags ohne den Armzug an. Halten Sie ein Brett, wie auf dem Bild, und tragen Sie *Flossen:* Sie geben den Beinen zusätzlich Kraft, Beweglichkeit in den Fußgelenken und unterstützen eine gute Beinarbeit. Der ständige Schlag auf und ab ist dem Rückenkraulbeinschlag ähnlich.

DIE HÜFTEN
Wie beim Rückenkraulen muß die Kraft für den Kraulbeinschlag aus der Hüfte, dem Gesäß und den Oberschenkeln kommen – und nicht aus den Knien. Sie können in Hüfte und Oberschenkeln genau spüren, wie sich die Beine (relativ) geradlinig auf und ab bewegen. Sie werden feststellen, daß die **Flossen**hilfe die richtige Muskelarbeit verstärkt.

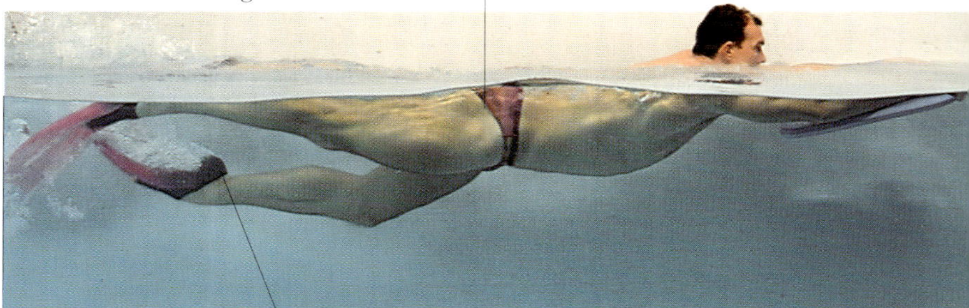

DIE FUSSGELENKE
Flossen unterstützen bewegliche Fußgelenke – wichtig für den Beinschlag in Stromlinienform.

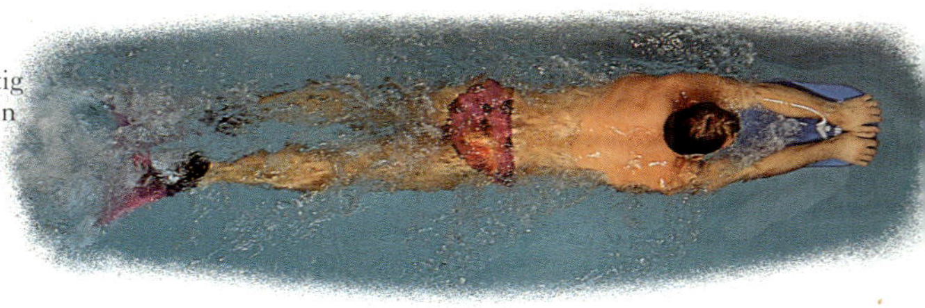

Halten Sie sich stromlinienförmig gestreckt im Wasser.

OHNE HILFE

Nun versuchen Sie es ohne **Flossen.** – Sie merken, wieviel mehr Mühe die gleiche Aktion kostet. Schlagen Sie kontinuierlich abwechselnd mit den Beinen. Drücken Sie das jeweilige Bein nach unten, so daß das Bein am Ende des Abwärtsschlages gerade ist, bevor Sie es wieder nach oben führen. Schlagen Sie ohne Spritzer an der Wasseroberfläche in die Tiefe; zu viel Spritzerei heißt: Sie treten in die Luft, und das gibt Ihnen keinen Vortrieb. Achtung: Ihre Beine sind die „Maschine", die Ihrem Schwimmzug mehr Kraft gibt, als Sie möglicherweise merken.

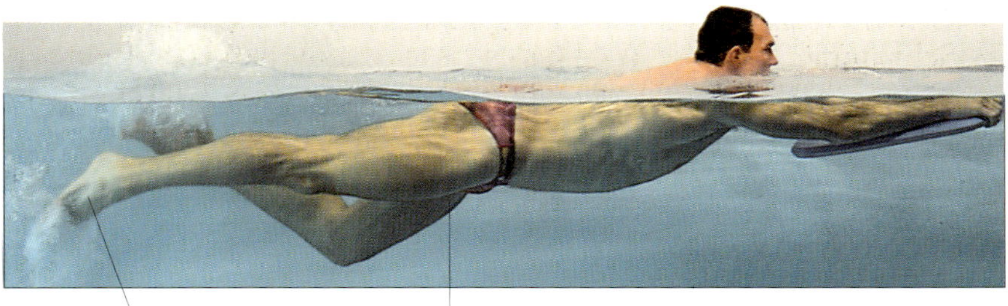

DIE FÜSSE •
Ihre Füße sollten gestreckt sein und gerade nur die Wasseroberfläche aufrühren. Führen Sie den Beinschlag unter Wasser aus, denn seine Vortriebskraft entsteht durch den Krafteinsatz gegen den **Wasser*widerstand*.**

• DIE BEINE
Oben: Das linke Bein beugt sich jetzt ohne **Flossen** stärker. Beschränken Sie die Bewegung auf ein Minimum. Halten Sie die Beine wegen der Stromlinienform so eng zusammen wie möglich.

SCHWIMMBRETTÜBUNGEN

SPEZIALÜBUNGEN FÜR DEN BEINSCHLAG

Der Gebrauch des **Schwimmbrettes** bedeutet, daß Sie den alles entscheidenden Beinschlag perfektionieren können, bevor Sie die Armaktion hinzunehmen.

- Das Schwimmbrett stützt Ihren Oberkörper, während Sie sich auf die Beine konzentrieren (s. Bild unten).
- **Beinschlagübungen,** mit oder ohne **Flossen,** aber mit dem Brett, verhelfen zur Stromlinienform – wichtig für wirkungsvolles Kraulen. Bedenken Sie: Gute Stromlinienhaltung bedeutet geringeren **Wasserwiderstand** und daher größere Schnelligkeit.
- Auch bei der Übung mit dem Brett sollten Sie Ihren Kopf so tief wie möglich halten. Wenn Sie Ihren Kopf zu hoch aus dem Wasser heben, drücken Sie ungewollt Ihre Beine abwärts und Ihre Schultern nach oben, und hohe Schultern sind Wellenbrecher, die den Vortrieb bremsen.
- Gute und kräftige Beinarbeit gibt Ihnen die Möglichkeit, einen langsamen Armzug – bis Sie ihn können – und das Timing für die Atmung absolut korrekt durchzuführen. Zu starke Armarbeit ist einfach Energieverschwendung. Lernen Sie erst den Beinschlag richtig, und der ganze Kraulstil fügt sich viel leichter zusammen.

FESTHALTEN

Wenn Sie das **Schwimmbrett** für die Beinschlagübungen benutzen, halten Sie es mit beiden Händen vor sich. Das hält Ihren Körper in der Balance und hoch im Wasser.

Lektion

6

Die Armarbeit

Schritt 1

Aktion und Erholung

Unter Beibehaltung des kontinuierlichen, wechselnden Beinschlags auf und ab sollten Ihre Arme wechseln zwischen Aktions- und *Erholungsphasen*. Strecken Sie einen Arm gerade nach vorn; während der andere zum Ende seiner ***Zug*****phase** den Oberschenkel erreicht, sinkt Ihr vorderer Arm nach unten, bereit, das Wasser zu **greifen.** Sie sollten in diesem Moment langsam und kontrolliert ins Wasser ausatmen (s. Kasten: „Richtiges Atmen" auf S. 55 oben).

Nach dem Druck •
Dieser Arm hat gerade seinen rückwärtigen ***Druck*** beendet und wird gleich aus dem Wasser gehoben.

Fertig zum Greifen •
Die rechte Handinnenfläche zeigt in diesem Moment des Armzuges nach unten und wird, wenn die Hand nach unten **zieht,** rückwärts nach hinten zeigen.

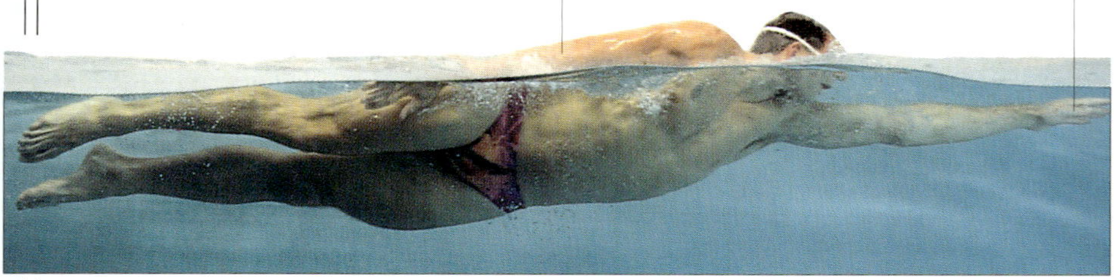

ROLLEN UM DIE LÄNGSACHSE
Links: Sobald sich Ihr rechter Arm nach vorne streckt, sollten Sie auf der Gegenseite (also links) einatmen, damit Sie in stabiler Lage bleiben (s. Kasten auf S. 55 oben).

— *MACHEN SIE DAS BESTE AUS IHREM ARMZUG* —

ANTIPPEN
Damit Sie sicher gehen, daß Sie den Arm voll und ganz durchziehen, sollten Sie Ihr Gesäß oder Ihre Oberschenkel auf der Seite des Aktionsarmes antippen, bevor Sie den Arm hochheben und aus dem Wasser nehmen.

DIE KORREKTE ATMUNG

WANN UND WO?

Wenn der linke Arm aus dem Wasser kommt, hebt sich die linke Schulter, und der Körper rollt auf die Gegenseite (unten). Lassen Sie Ihren Kopf mitrollen, und atmen Sie dabei seitlich unter der linken Achselhöhle ein. (Ihr Gesicht kommt dabei automatisch halb aus dem Wasser. Das ist möglich, weil Ihr Kopf durch den Vortrieb eine ***Bugwelle*** verursacht. Im Tal dieser ***Bugwelle*** befindet sich nun Ihr Mund.) Das ist besser, als den Kopf zum Atmen nach vorne zu heben, was die allgemeine Stromlinienform des Körpers unterbrechen würde.

LINKS UND RECHTS

Versuchen Sie, bei jedem dritten Armzug einzuatmen: z. B.: zur linken Seite, dann auf den 6. Zug zur rechten Seite, auf den 9. Zug zur linken Seite, etc. Dieses „wechselnde“ Atmen nennt sich ***beidseitige Atmung.*** Wenn ein Arm über Ihrem Kopf ist, sollten Sie schon ausatmen (links).

Schritt 3

WÄHREND DER ZUGPHASE

Wenn Ihr rechter Arm beginnt, sich über Wasser zu **erholen,** beginnen Sie, den linken Arm durchs Wasser zu **ziehen** (die Handinnenfläche zeigt nach unten). So treiben Sie sich voran. Heben Sie den rechten Ellenbogen hoch heraus. In diesem Moment sollten Sie ausatmen.

HALTEN SIE DIE ELLENBOGEN HOCH

Nur bei **hohem** Ellbogen des **Erholungsarmes** halten Sie die Stromlinienform und sparen Kräfte. Zur Übung halten Sie den Ellbogen extrem hoch und schleppen die Finger locker nach.

DER KOPF

Blicken Sie während der ganzen **Zugphase** des Armes nach vorne.

Lektion

6

Schritt 4

Das Durchziehen

Ziehen Sie den Aktionsarm (vorne) nach hinten-unten, wo er *neues Wasser greifen* und Sie vorwärts **ziehen** kann. Halten Sie den Arm entspannt: weder ganz gerade noch richtig gebeugt. Wenn er seinen tiefsten Punkt – senkrecht zu Ihrem Körper – erreicht, ändert sich die Bewegung wieder von der Zug- in die ***Druck*phase,** die Sie nun bis zu den Oberschenkeln durchführen. Der Körper sollte über seine Längsachse rollen (s. Kasten unten). Die Schulter des **inaktiven** Armes wird vollständig hochgezogen, sein Ellenbogen gebeugt. Der Arm ist bereit, nach vorne ins Wasser zu tauchen und einen neuen Zug zu machen. Üben Sie, Ihre **inaktive** Hand sorgfältig zu beobachten, wie sie ins Wasser taucht, so daß Sie ihre Bewegung dem nächsten Armzug, wenn nötig, anpassen und ausgleichen.

Non-Stop-Beinschlag
Hören Sie nicht auf, wechselweise mit den Beinen auf und ab zu schlagen – jeweils unter größerem Krafteinsatz bei dem Abwärtsschlag als bei dem Aufwärtsschlag.

Pfeilartiges Eintauchen
Die **inaktive** Hand sollte wie ein stromlinienförmiger Pfeil ins Wasser gleiten. – Vermeiden Sie, aufs Wasser zu klatschen.

Der aktive Arm beschreibt ein „S"
Wenn der aktive Arm das Wasser zuerst **zieht,** dann **drückt** und dann am Oberschenkel wieder hochkommt, bewegt er sich in der Form eines „S". Von unten gesehen sieht das wie die **Hälfte** eines **Schlüsselloches** aus. (Hälfte, weil immer nur ein Arm zur Zeit im Wasser ist.)

Von einer Seite zur anderen

Der Körper rollt um eine Achse

Die ganze Rolle
Oben können Sie den Effekt der Rolle sehen: Der Körper ist fast ganz auf die Seite gerollt. Beachten Sie die Füße: Sie sind gestreckt und nach innen, d. h. zueinander geneigt.

Erholung und wieder Eintauchen
Wenn Ihr **Erholungs-** – inaktiver – **Arm** wieder eintaucht, ist der Körper nicht gedreht. Blicken Sie in diesem Moment möglichst nach vorne. Der andere Arm verläßt gleich das Wasser, Handinnenflächen nach oben, dicht am Oberschenkel vorbei.

Schritt 5

STRECKEN UND GREIFEN

Bringen Sie den vorderen Arm unter voller Streckung ins Wasser – *greifen* Sie weit nach vorne, nach einem Maximum an *neuem Wasser* und **ziehen** Sie. Nachdem Sie Ihren Arm dicht an Ihrem Oberschenkel vorbeigedrückt haben, **erholt** er sich nun als inaktiver Arm, die Schulter hebt sich mit der Rolle des gesamten Körpers. Führen Sie Ihren Erholungsarm hoch über den Kopf nach vorne. Schwingen Sie ihn nicht in weitem Kreis über die Wasseroberfläche, sondern über den Körper.

–VORWÄRTS BLICKEN–

DER KOPFWINKEL
Beachten Sie, wohin Sie sich bewegen – sehen Sie nicht auf den Beckenboden, sondern halten Sie den Kopf in einem flacheren, horizontaleren Winkel, so daß Sie Ihren Armen beim Eintauchen und Wassergreifen zusehen können.

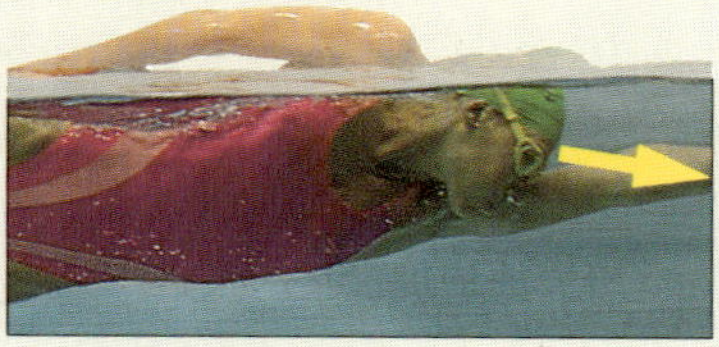

ROLLEN SIE
Achten Sie darauf, daß Sie gleichmäßig von einer Seite auf die andere um Ihre Längsachse rollen.

MAXIMALE PADDELKRAFT
Vergessen Sie nicht: Ihr **Paddel** wird nicht alleine durch die Hand gebildet, sondern reicht vom Ellenbogen bis zu den Fingerspitzen (s. S. 33).

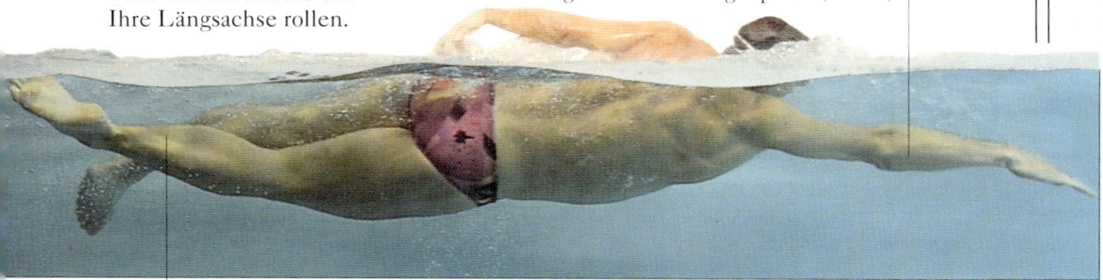

SCHNELL VORAN MIT DEN BEINEN
Gewinnen Sie Schnelligkeit, indem Sie die Schlagkraft vergrößern. Behalten Sie einen ruhigen und vor allem langen Armzug bei.

LANGSAM
Der betont langsame Armzug **übt** die Technik. Arbeiten Sie jeweils nur mit einem Arm, während der andere vorne liegenbleibt.

KRIEGEN SPIELEN (catch-ups). Unten: Zur Verbesserung des Armzuges: Versuchen Sie, einen Arm vom anderen einholen zu lassen.

LIEGEN LASSEN
Halten Sie diesen Arm gestreckt nach vorne, während Sie den **Erholungsarm** ebenfalls nach vorne führen.

Lektion

6

Die Beine
Lassen Sie die Beine ununterbrochen im Wechsel wie eine Maschine schlagen.

Der Erholungsarm
Der Ellenbogen führt möglichst automatisch den ganzen – **inaktiven** – Arm aus dem Waser.

Der Ellenbogen
Halten Sie jetzt den Ellbogen möglichst hoch.

Die Zehen
Durch das Strecken der Zehen vergrößern Sie das **„Fußpaddel"** zu einer Art Flosse.

Die ganze Sequenz

Beim Kraulen ist das Gesicht immer im Wasser. Daher ist das Einatmen im richtigen Moment ausschlaggebend für das Gesamttiming und den Bewegungsrhythmus. Wenn Sie einen Armzug vollenden, sind Sie auf eine Seite gerollt, die **inaktive** Schulter hebt sich, was Ihr Gesicht leicht seitlich aufwärts dreht. Nun sind Sie bereit, einzuatmen – in Ihre Achselhöhle hinein. Dazu muß nur knapp das halbe Gesicht über Wasser sein, nicht der ganze Kopf. Versuchen Sie nur, Ihren Mund – nicht den ganzen Kopf – leicht hochzubringen, und schlucken Sie kein Wasser. Wenn Sie Ihren Erholungsarm weiterführen, drehen Sie Ihr Gesicht wieder ins Wasser; dann taucht auch schon der Erholungsarm wieder ein. Während Sie Ihr Gesicht zurückdrehen, atmen Sie auch schon wieder durch Mund und Nase aus.

Fleissig üben
Die Koordination von Atmung und Beinschlag muß fleißig geübt werden. Aber: Durchhalten lohnt sich. Richtiges Atmen und Vertrautheit mit dem Wasser müssen ebenfalls geübt werden. Geduld – ein Schreck am Anfang könnte Sie davon abhalten, die **Atemtechnik** durch Üben zu verbessern. Aber die Technik ist notwendig für einen effektiven Schwimmstil.

KOPFHALTUNG

AUF DEM KURS BLEIBEN

Der Kopf liegt verhältnismäßig flach, das Gesicht ist im Wasser – so hält man die Stromlinienform. Möglicherweise tragen Sie dabei gerne eine Schwimmbrille, denn, um auf Ihrem Kurs zu bleiben, müssen Sie schon sehen, wohin Sie sich bewegen. Die beste Kopfhaltung ist die, wenn sich das Wasser auf der Stirnmitte (s. rechts) oder an Ihren Augenbrauen bricht. Sie können Ihren Kopf auch etwas tiefer halten, wobei der Haaransatz umspült wird. Wichtig ist, daß Sie eine bequeme, stromlinienförmige Haltung finden, in der Sie den Arm ins Wasser eintauchen und die Hand das Wasser ***greifen*** sehen können.

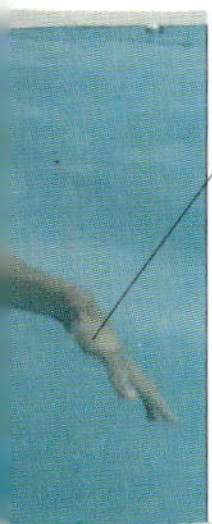

DER ZUGARM
Nicht vergessen: Sie erhalten einen größeren Impuls vom **Armzug,** wenn Sie nicht nur die Hand, sondern den ganzen Unterarm, vom Ellenbogen bis zu den Fingerspitzen, als *Paddel* benutzen. Hier hat der Arm schon halbwegs seine Zugaktion beendet.

DER EINTAUCHPUNKT
Prüfen Sie, wie die Hand ins Wasser eintaucht, damit Sie eine saubere Bewegung einüben. Es sollte so wenig wie möglich spritzen, wenn die Hand eintaucht. – Heben Sie Ihre Energie für den Armzug unter Wasser auf, d. h. für den Zug und Druck in die richtige Richtung.

DIE KOPFHALTUNG
Stellen Sie sich Ihren Kopf als Bug eines Bootes vor: ist er zu tief, heben sich die Schultern und wirken wie eine Bremse; ist er zu hoch, verursacht Ihr Körper eine bremsende Schleifspur durch das Wasser. Indem Sie den Kopf ganz leicht heben, wird Ihr Körper zu einem flinken Schnellboot.

Lektion

7 DELPHIN

Teil 2

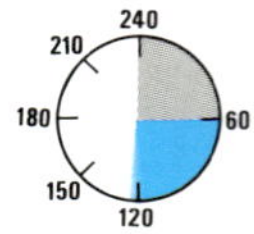

Definition: *Eine schmetterlingsartige Bewegung der Arme über dem Kopf, kombiniert mit einem Doppelbeinschlag.*

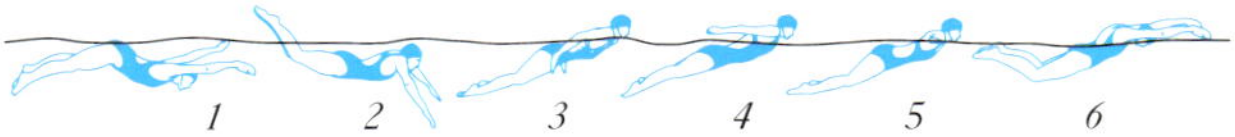

DER DELPHINSTIL ähnelt den Bewegungen des Delphins und ist charakterisiert durch den Doppelbeinschlag, den Delphinbeinschlag. Es ist die jüngste Stilart – offiziell erst 1952 anerkannt – und die zweitschnellste nach dem Kraulen. Es ist auch eine sehr ästhetische Stilart, aber man muß dafür sowohl kräftig genug sein als auch gutes Timing besitzen und in der Lage sein, sich durch das Wasser zu *schlängeln.*

ZIEL: Auf eine weiche, geschmeidige und doch beherrschte Art durchs Wasser **schlängeln.** *Bewertung* •••••

WIE EIN DELPHIN SCHWIMMEN

Der Beinschlag und die ganze Körperwelle ähneln den Bewegungen des Delphins.

DURCH DAS WASSER PEITSCHEN

Flossen erleichtern Ihnen das Delphinschwimmen, indem sie den Delphinbeinschlag, den Sie anstreben, verstärken. Beide Beine werden gleichzeitig geschlagen, und zwar von der Hüfte und dem Gesäß aus – nicht von den Knien aus. Pressen Sie das Wasser mit den oberen Oberschenkeln nach unten. Der Beinschlag ist eine **Peitschenbewegung**: je schneller Sie peitschen, desto schneller bewegen Sie sich.

ATMEN BEIM 'FLY

Es ist mehr die Kraft aus der Beinaktion als die aus der Armaktion, die die Atmung ermöglicht. Da Flossen Ihre Beinaktion verstärken, ermöglichen sie es Ihnen, die Arme so weit an Ihren Oberschenkeln **vorbeizuziehen,** daß Sie sich aus dem Wasser heben und einatmen können. Das Herausheben ist entscheidend: Einatmen im **Flug** ist der schwierigste Teil des Armzuges.

DER BEINSCHLAG

DAS ZUSAMMENSPIEL

Ihre Beinarbeit bestimmt die Atmung, die wiederum den Bewegungsfluß. Schlagen Sie gleichzeitig – nicht im Wechsel. Bewegen Sie sich vom Gesäß und den Oberschenkeln aus, und beugen Sie die Beine nicht zu stark an – das drückt das Wasser hoch und nicht nach hinten und gibt nur einen geringen Impuls. Machen Sie zwei Beinschläge auf je einen Armzug: Ein starker Beinschlag drückt Sie zum Einatmen aus dem Wasser; der zweite, weniger starke Beinschlag findet parallel zur ***Erholungsphase*** der Arme statt und hält die Balance.

1. Drücken Sie Ihre Oberschenkel abwärts – das ist der Beginn des ersten, größeren Beinschlags. Achten Sie darauf, daß beide Beine gleichzeitig arbeiten.

2. Beugen Sie die Beine nicht mehr, als Sie auf dem Bild sehen. Nun schlagen Sie die Unterschenkel abwärts; dabei wird sich Ihr Gesäß heben.

3. Mit Beendigung des Abwärtsschlages der Unterschenkel und der dadurch erfolgenden vollen Beinstreckung ist der gesamte Beinschlag beendet.

4. Bereiten Sie die Beine nun auf den zweiten Schlag vor, der nicht so tief und kraftvoll sein sollte wie der erste.

5. Heben Sie die Beine, bereit für den zweiten Beinschlag. Dieser Schlag sieht gewaltiger aus als der erste, weil das Gesäß höher liegt – und daher auch die Beine.

6. Drücken Sie nun wieder die Oberschenkel abwärts. Die Zehen tauchen aus dem Wasser, während Sie gleich mit den Unterschenkeln abwärts schlagen werden.

Lektion 7

DER ARMZUG

Schritt 1

DAS EINTAUCHEN UND GREIFEN

Tauchen Sie beide Arme – schulterbreit auseinander – vor Ihrem Kopf ins Wasser, bereit für den **Armzug.** Ihr Kopf taucht eher als die Hände ein. Wie bei allen Armzügen halten Sie die Finger möglichst entspannt und etwas geöffnet, um eine größtmögliche **Paddelfläche** herzustellen. (Leicht geöffnete Finger lassen das Wasser gerade eben durchgleiten, zusammengeklemmte Finger sind zu steif, um locker durchs Wasser zu ziehen und machen die Hand als Paddel zu klein.) In diesem Moment des Armzuges liegen die Beine ziemlich tief im Wasser, sie haben gerade den kleinen Schlag beendet. Achtung: Der Beinschlagrhythmus ist: großer Schlag – kleiner Schlag – großer Schlag – kleiner Schlag etc.

PRÜFEN SIE DIE ARM- UND HANDHALTUNG
Halten Sie möglichst die Ellenbogen höher als die Hände. Winkeln Sie die Hände ab, so daß die Handinnenflächen leicht auswärts gedreht und bereit sind, das Wasser zu ***greifen.***

SCHLÄNGELN
Schwimmen Sie in weicher, *schlängelnder* Bewegung in einer einigermaßen geraden Linie – ähnlich dem Delphin.

Stromlinienförmig in symmetrischer Körperhaltung.

DIE ARME
Ihre Arme tauchen gleichzeitig und schulterbreit ein.

Schritt 2

ZIEHEN UND AUSATMEN

Ziehen Sie die Arme tief durchs Wasser. Atmen Sie dabei durch die Nase aus (die Luft anhalten kostet zuviel Energie). Sobald die Arme an den Schultern vorbei sind, beugen Sie die Arme leicht, um sie an Ihren Oberschenkeln vorbeizudrücken.

Schritt 3

DRÜCKEN UND EINATMEN

Der große Beinschlag hebt Sie aus dem Wasser, atmen Sie ein – der **Arm-*Zug*** wird zum **Arm-*Druck*.**

ÜBER WASSER
Heben Sie zum Einatmen Ihren Kopf nicht zu hoch aus dem Wasser, das bremst Sie und zerstört die Stromlinienformhaltung. Statt bei jedem Armzug können Sie auch bei jedem zweiten Armzug einatmen, aber dazu brauchen Sie viel Kondition.

• **DIE ARME**
Ziehen Sie kräftig durch. Mit Ende des Armzugs beenden Sie auch den großen Beinschlag.

SCHMETTERLINGSVARIATIONEN

CATCH-UPS
Eine gute Methode, sich an die Armbewegung zu gewöhnen, ist die einarmige Aktion. Strecken Sie einen Arm lang nach vorne (lassen Sie den Arm auf der Wasseroberfläche liegen), **ziehen** Sie den anderen durchs Wasser, führen Sie ihn über Kopf wieder nach vorne zum anderen Arm. Das ist leichter als die Doppelarmaktion, denn statt daß Sie sich zum Einatmen aus dem Wasser ziehen, können Sie nun zur Seite einatmen wie beim Kraulen. **Flossen** helfen; Sie können darauf verzichten, wenn Sie geübter sind.

LINKS UND RECHTS
Die **Catch-ups** sind eine ausgezeichnete Methode, das alles beherrschende **Timing** des Armzugs zu automatisieren und sich dabei auch auf den Beinschlag zu konzentrieren. – Und: Sie können diese **Übung** variieren, je mehr Sicherheit Sie gewinnen und sich Ihre Technik verbessert: Machen Sie einen Catch-up mit einem Arm, dann mit dem anderen, dann den normalen beidarmigen Armzug; oder: einen Catch-up mit einem Arm, dann den beidarmigen Armzug, dann einen Catch-up mit dem anderen Arm.

Lektion

7

Schritt 4

ARME HERAUS

Bringen Sie zu Beginn der *Erholungsphase* die Arme h o c h aus dem Wasser heraus. Sie atmen noch ein, und Ihre Beine beenden gerade den großen Schlag.

Schritt 5

HOCH UND HINÜBER

Schwingen Sie Ihre Arme in einem hohen Bogen nach vorne, um sie wieder ins Wasser einzutauchen. Wenn Ihre **Erholungs-** (inaktiven) **Arme** ungefähr auf gleicher Höhe mit Ihrem Kopf sind, sollte Ihr Kopf sich schon wieder ins Wasser neigen, so daß der Kopf im Moment des Armeintauchens schon im Wasser ist (s. Lektion 6).

IM VORAUS PLANEN Denken Sie jetzt schon daran, Ihren Kopf wieder ins Wasser zu nehmen.

DIE ARME Beugen Sie Ihre Arme leicht, wenn Sie die Kopfhöhe passieren. Ihre Handinnenflächen sehen zum Wasser.

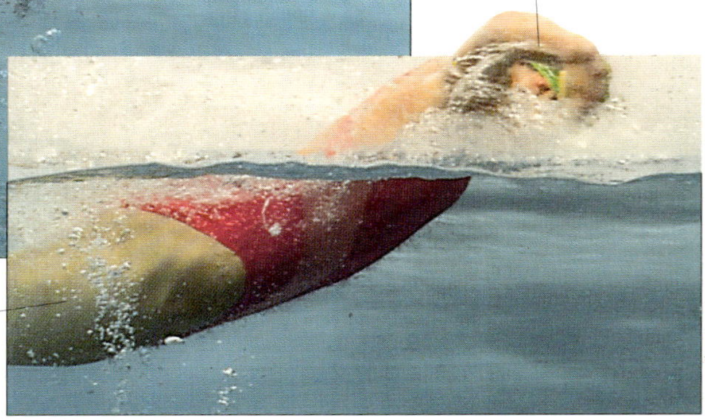

BEREIT ZUM BEINSCHLAG Während sich Ihre Arme **erholen**, kommen die Beine hoch und sind bereit für den zweiten, kleineren Beinschlag.

DURCH DAS SCHLÜSSELLOCH

NEUES WASSER FINDEN
Ihre Arme sollten, von unten gesehen, die Form eines Schlüsselloches beschreiben (rechts). So finden Sie ***neues Wasser*** und erhalten Ihren Impuls. Tauchen Sie die Arme in Schulterbreite ein, **ziehen** Sie sie abwärts und auswärts; **drücken** Sie sie dann einwärts unter Ihren Bauch – der *Zug* ist zu einem *Druck* geworden – und drücken Sie die Hände dicht an Ihren Oberschenkeln vorbei, bevor Sie sie aus dem Wasser nehmen. Ihre Arme beschreiben einen Bogen über Ihnen bis zu ihrem Eintauchpunkt vor Ihnen, wo sie den nächsten Zug beginnen.

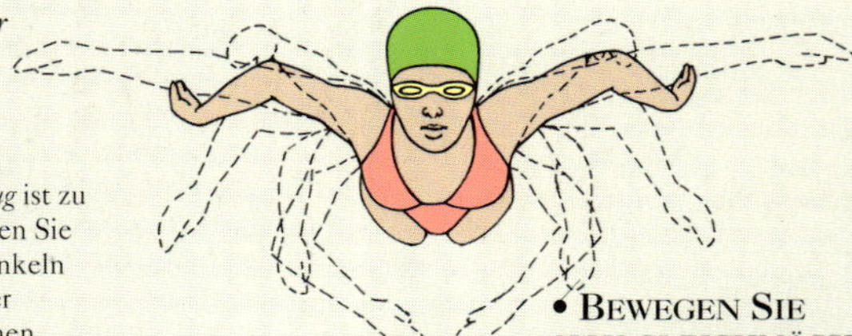

BEWEGEN SIE SICH GLEICHMÄSSIG
Bewegen Sie die Arme rhythmisch gleichmäßig, und finden Sie ***neues Wasser.***

Schritt 6

DIE KOMPLETTE ERHOLUNGSPHASE

Entspannen Sie Ihre Arme über Wasser so, daß sie, wenn sie ausgestreckt vor Ihnen wieder eintauchen, bereit sind, das Wasser erneut zu *greifen*. Wenn sich die Hände dem Eintauchpunkt nähern, sollte der Kopf bereits wieder im Wasser sein, und Sie sollten schon mit dem Ausatmen beginnen. Führen Sie Ihre Arme in einer weichen Bewegung über das Wasser: weder zu sehr gebeugt noch zu steif; beugen Sie sie leicht im Ellenbogen. In der Mitte der **Erholungsphase** – wie unten gezeigt – sollten die Ellenbogen höher sein als die Hände, und Sie sollten auf den Beckenboden blicken – nicht nach vorne.

DER WEG

Dieses Bild zeigt den Weg, den Ihre Arme über der Wasseroberfläche beschreiben. Sie sollten in der vertikalen Verlängerung Ihrer Schultern wieder eintauchen.

• VOR DEM „KLEINEN" BEINSCHLAG

Jeder Schwimmzug hat zwei Phasen: die **Arbeitsphase** und die ***Erholungsphase.*** Das Delphinschwimmen macht da keine Ausnahme – während sich Ihre Arme über dem Wasser ausruhen, sorgt der Beinschlag für Ihren Vortrieb. Hier ist Ihr Gesäß hoch, und Ihre Unterschenkel haben gerade mit dem Abwärtsschlag für den kleinen Beinschlag begonnen.

• DIE SCHULTERN

Die Kraft für den Armzug kommt aus der Schultermuskulatur und der seitlichen Rückenmuskulatur.

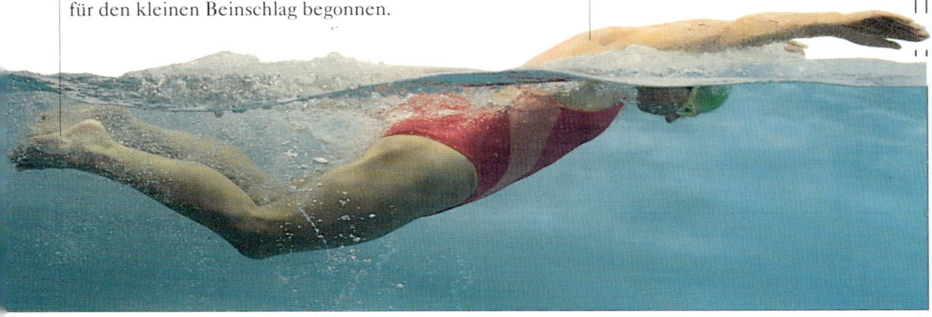

Die Beine bleiben beim Abwärtsschlag zusammen.

Lektion 7

Das Gesäss •
In dieser Streckphase ist das Gesäß oben, während die Beine den „kleinen" Schlag beenden.

Bereit zu „greifen" •
Beachten Sie die ausgedrehten Handinnenflächen, wenn die Hände zu *greifen* beginnen.

Die ganze Sequenz

Anfangs geht das **Delphinschwimmen** sehr schwerfällig – man braucht eine Weile für einen flüssigen, wohlkoordinierten Stil. Versuchen Sie sich zu *schlängeln:* Ruckartige Bewegungen bremsen, ermüden und sehen nicht gut aus. Ein guter Stil hängt nicht von brutalem Krafteinsatz ab – wenn Sie sich darauf verlassen wollten, würden Sie schnell merken, daß Sie das Wasser dabei verstärkt bremst; er basiert vielmehr auf sauberer Technik, kombiniert mit Kraft. Die Arme müssen entspannt, aber nicht steif sein. Passen Sie die Armbewegung der Bewegung der Beine an und nicht umgekehrt. Atmen Sie mit dem Gesicht im Wasser aus, atmen Sie kurz über Wasser ein. Für das Delphinschwimmen müssen Sie elastisch sein – versuchen Sie zu Hause oder in der Schwimmhalle folgende Übung: Legen Sie sich auf den Bauch, drücken Sie die Hände unterhalb Ihrer Schultern gegen den Boden, und strecken Sie den Rücken schlängelnd, also in der Art, wie Sie es beim Delphinschwimmen benötigen.

Der Beinschlag •
Der „große" Beinschlag ist wichtig, damit Sie sich zur Atmung aus dem Wasser herausheben.

Die Beinhaltung •
Es ist vorläufig noch nicht so wichtig, ob Ihre Beine konsequent geschlossen sind. Vielleicht gelingt es Ihnen aber doch schon ab und zu zum Ende des kompletten Schwimmzuges.

BIS ZUR VOLLENDUNG

VON OBEN GESEHEN

Dieser Blick von oben – zu Ende des „großen" Beinschlags, wenn die Arme mit der ***Erholungsphase*** beginnen und der Kopf zur Atmung gehoben ist – zeigt die notwendige Symmetrie der Extremitäten. Bei gedachter Linie durch die Längsachse des Körpers sollte eine Seite der anderen gleichen.

SCHULTERBEWEGLICHKEIT

Die Schultern können im Moment des Armzuges, wie unten, leicht etwas verspannt sein – eine unangenehme Haltung. Sobald Sie eingeatmet und den Kopf gesenkt haben, sollte sich diese Spannung geben. Sie benötigen für den **Delphinstil** bewegliche Schultern, vor allem für die Arm-Erholungsphase.

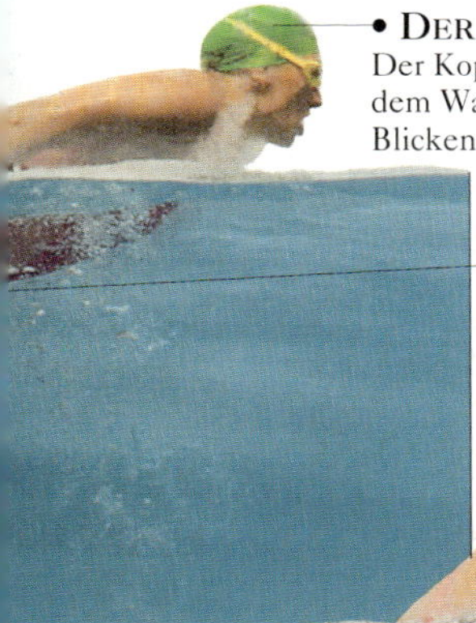

• **DER KOPF**
Der Kopf ist klar über dem Wasser zum Einatmen. Blicken Sie nach vorne, nicht nach unten.

• **DER BAUCH**
Es hilft, wenn man recht kräftige Bauchmuskeln hat. Achten Sie darauf, wie Sie arbeiten, wenn Sie sich auf und ab schlängeln.

DIE GANZE SEQUENZ

Der „kleine" Beinschlag endet, wenn die Hände beginnen zu *greifen*. Die Arme **ziehen**, wenn Sie aufhören, auszuatmen. Dieser Arm-*Zug* wird zum *Druck*, wenn der „große" Beinschlag Sie für das Einatmen aus dem Wasser hebt. Die Arme erholen sich, wenn Sie den „kleinen" Beinschlag machen. Die volle **Erholungsphase** ist eine Ruhehaltung des Körpers, in der allerdings der „kleine" Beinschlag Sie immer noch vorantreibt.

• **DER ERHOLUNGSARM**
In der **Erholungsphase** sind die Arme nur leicht gebeugt. Führen Sie sie in weiträumigem (aber nicht zu weitem) Bogen nach vorne. Halten Sie die **Hände** ***locker***.

• **GESICHT UND KOPF**
Ihr Kopf ist wieder im Wasser (er taucht früher ein als die Hände), bereit für den **nächsten Schwimmzug.**

Lektion

8 DIE WENDEN

Teil 2

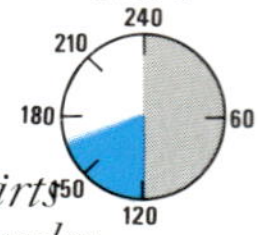

Definition: *Techniken, die im Wettkampfkraulen – vorwärts und rückwärts – bei den Wenden am Beckenrand gebraucht werden.*

IM WETTKAMPF MUSS MAN die Schwimmrichtung an der Beckenwand schnell und effektiv ändern. Es gibt spezielle Techniken für alle Schwimmstile, die den offiziellen Regeln entsprechen – Lektion 8 stellt die einfachen *Rollwenden* für das Kraulen und Rückenkraulen vor. Andere Wettkampfwenden werden auf den Seiten 84–85 gezeigt. Beim Wettkampf darf man, wenn man sich der Beckenwand nähert, auf keinen Fall langsamer werden, sonst wird die *Wende* zu kraftlos: Stellen Sie sich einen Tennisball vor; wenn Sie ihn ohne Krafteinsatz an die Wand schlagen, prallt er nur langsam ab und fällt dicht an der Wand zu Boden; schlagen Sie ihn hart, prallt er mit voller Geschwindigkeit ab.

ZIEL: Korrekter und effektiver Richtungswechsel. *Bewertung* •••••

ROLLWENDE BEIM KRAULEN

1. DIE GEWÖHNUNG AN DIE ROLLE IM WASSER

ENTWICKELN Sie die Kraulwende schrittweise. Beginnen Sie einfach mit dem Üben von Purzelbäumen vorwärts im flachen Wasser, weit weg von der Wand. Fangen Sie aus dem Stand an. Machen Sie sich keine Sorgen, wie perfekt Sie wieder in den Stand kommen. Und nun noch einmal, aber diesmal bleiben Sie auf dem Rücken liegen und strecken die Beine.

AUSBLASEN
Atmen Sie jetzt besonders kräftig und explosiv durch die Nase aus, denn bei den Wenden bekommt man leicht Wasser in die Nase, und das stört bei jeder Aktion ungemein.

ORDENTLICHES EINWICKELN
Bei der Rolle drücken die Arme **abwärts,** die Beine **aufwärts,** die Füße sind geschlossen. Leichte Handbewegungen helfen beim Überschlag und halten die Balance.

EINE IMAGINÄRE WAND
Wenn Sie Ihre Beine strecken, stellen Sie sich vor, daß Sie sich mit den Füßen von einer Wand abstoßen.

2. ROLLEN UND DRÜCKEN

Wiederholen Sie die Rolle jetzt dichter an der Wand, so daß sich Ihre Füße an diese Wand stemmen und Sie wegstoßen zu einer ausgestreckten Rückenlage. Versuchen Sie, mit dem Rumpf etwa eine halbe Armeslänge von der Wand entfernt zu sein, wenn Sie Ihre Füße an die Wand stemmen. Lassen Sie sich Zeit – Sie brauchen viel Übung, um bei der **Rollwende vorwärts** alleine die **Entfernung** zur Wand einzuschätzen und Ihre Füße richtig zu setzen.

• DIE ARME
Bleiben Sie stromlinienförmig, bereit, auf Ihrem Rücken zu **gleiten**, wobei die Arme über den Kopf gestreckt sind. Machen Sie – vorläufig – **keinen Armzug.**

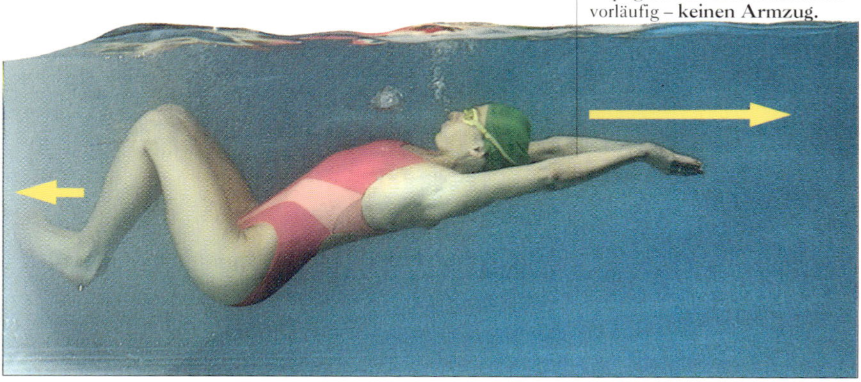

3. IN DIE BAUCHLAGE

Nun rollen Sie wieder, aber, wenn Sie sich wieder in Rückenlage von der Wand abstoßen, drehen Sie sich 180° um die Längsachse in die Bauchlage und schwimmen weiter. Lassen Sie die Arme vor sich, bleiben Sie so stromlinienförmig wie möglich. Wenn Sie in dieser *Gleitphase* nach dem Abstoß merken, daß der Schwung nachläßt, fangen Sie mit dem **Kraulbeinschlag** an zu schwimmen. Fangen Sie noch **nicht** mit dem **Armzug** an, das würde Ihre Schulter heben und Sie bremsen.

• IN DIE STRECKUNG
Beim kraftvollen Abstoß mit den Füßen von der Wand strecken Sie die Beine voll durch bis in die Zehenspitzen, Sie gleiten, und dann erst starten Sie mit dem Kraulbeinschlag.

IN EINEM GUSS
Stoßen Sie sich ab, und drehen Sie sich gleichzeitig in die Bauchlage. Stoßen Sie sich nicht mehr in der Rückenlage ab, um sich dann erst umzudrehen.

• DIE BEINE
Halten Sie, während Sie sich der Wand nähern und den Kopf hinunterdrücken, die Beine eng zusammen, gestreckt und so dicht wie möglich unter der Wasseroberfläche. Lassen Sie die Beine auf keinen Fall absinken.

• DER SCHNEPPER
Wenn die Füße und Beine auftauchen, lassen Sie sie **schnell** über den Kopf **schneppen,** so daß sich die Fußsohlen möglichst schnell an die Wand stemmen.

SAUBERES „EINWICKELN“ •
Drücken Sie den Kopf nicht zu tief. Nehmen Sie ihn auf die Brust („wickeln Sie ihn ein“). Dabei sollten Sie in Richtung Ihrer Füße blicken.

DREHEN •
Sofern Sie gut geübt haben, versuchen Sie nun, sich leicht zu drehen, sobald Sie anfangen, Ihre Beine über das Wasser zu schneppen, so daß Sie beim Abstoß von der Wand schon **fast** in der **Bauchlage** sind.

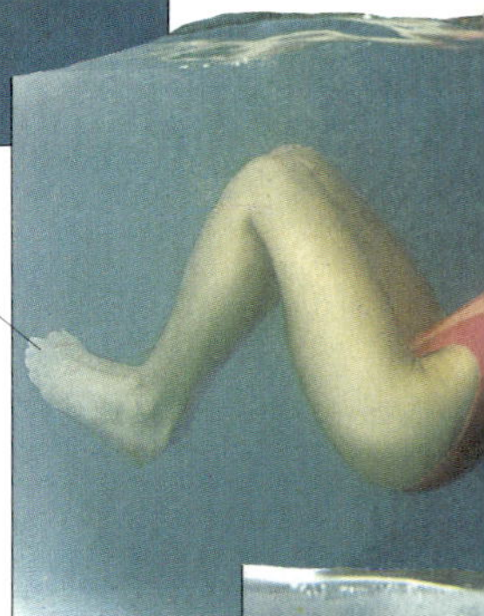

ABSTEMMEN UND WEGDRÜCKEN •
Wenn Sie die Füße zu tief an der Wand aufsetzen, drücken Sie sich diagonal, und damit zu sehr in Richtung Wasseroberfläche ab. Setzen Sie die Füße zu hoch auf, drücken Sie sich Richtung Beckenboden ab. Daher: drücken Sie sich mit den Füßen nur etwas unterhalb der Wasseroberfläche ab.

DIE GANZE SEQUENZ

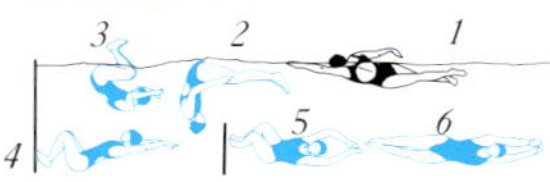

Diese ganze Sequenz zeigt, wie geschmeidig die *Rollwende* vorwärts sein sollte. Wenn Sie sich beim Kraulen der Wand nähern, drücken Sie Ihren Kopf kraftvoll abwärts und schneppen die Beine über den Kopf an die Wand. Werden Sie nicht langsamer, sonst haben Sie nicht genug Schwung, sich kräftig von der Wand abzudrücken; und nehmen Sie vor der Rolle Ihren Kopf nicht hoch – das würde Ihre Stromlinienform zerstören und Sie bremsen. Sehen Sie statt dessen unter Wasser, wie weit Sie von der Wand entfernt sind. Wenn Sie sofort nach der Wende zur Atmung aus dem Wasser kommen, bremst Sie das ebenfalls. Gleiten Sie erst, und atmen Sie nach dem zweiten oder dritten Schwimmzug.

OHNE HÄNDE
Nur Ihre Füße müssen bei der **Rollwende** die Wand berühren, die Hände brauchen es nicht.

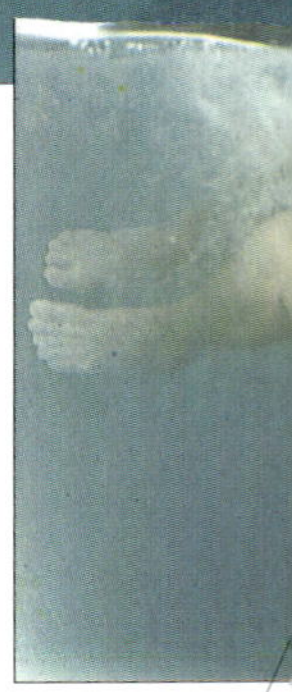

DREHEN •
Sie beginnen, sich zu drehen; bereit, in **Bauchlage** wegzuschwimmen. Als Fortgeschrittener versuchen Sie gleich von Schritt 3 zu Schritt 5 zu gehen – so daß Sie, wenn Sie überschlagen, sich gleichzeitig auch schon umdrehen. Das bedeutet, daß Sie sich zu Beginn des Abstoßes von der Wand schon in Seitenlage befinden und am Ende des Abstoßes in die Bauchlage gedreht haben.

ANKUNFT UND ABSTOSS

1. IN DIE ROLLE HINEIN

Beginnen Sie mit der Wende, wenn die Vorderhand etwa eine Armlänge (die Hälfte einer ganzen Armaktion) von der Wand entfernt ist (unten). Sehen Sie auf den Punkt, wo die Füße aufsetzen werden. Atmen Sie tief ein (aber nicht zu tief), wenn der Gegenarm hochkommt und über den Kopf geht. Atmen Sie mit Beginn der *Rolle* durch die Nase aus.

2. NACH DER WENDE

Nutzen Sie den Schwung aus Ihrem Abstoß. Üben Sie, herauszufinden, wann der Schwung – und damit Ihre **Gleitphase** – ausklingt, dann beginnen Sie mit dem kraftvollen Beinschlag und dann erst mit dem **Armzug**. Atmen Sie langsam, aber stetig während der ersten paar Beinschläge aus; kommen Sie dann erst mit dem Kopf an die Wasseroberfläche, um einzuatmen.

GANZ KLAR

Links: Dieses Bild zeigt deutlich, wie wichtig die richtige Position der Füße an der Wand ist. Bei richtiger Höhe können Sie sich in verhältnismäßig gerader Linie abstoßen. Zu Anfang werden Sie es einfacher finden, sich in Rückenlage abzustoßen (s. Bild). Aber das kann Sie bremsen. Aus dem Grunde haben sich Spitzenschwimmer schon um 90° gedreht, ehe die Füße die Wand berühren.

• **DIE HÄNDE**
Halten Sie Ihre Hände während der ganzen Wende **locker**, besonders in dem Moment, in dem Sie sich vom Rücken auf den Bauch drehen.

• **STROMLINIENFÖRMIGE ARME**
Wenn Sie Ihre Arme an den Ohren spüren, wissen Sie, daß Ihre Arme in der korrekten stromlinienförmigen Haltung für eine gute **Gleitphase** sind.

Lektion 8

ROLLWENDE BEIM RÜCKENKRAULEN

Schritt 1

SEIEN SIE BEREIT

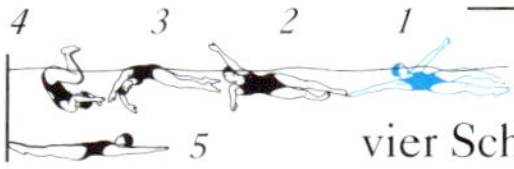

Bereiten Sie sich drei bis vier Schwimmzüge vor der Wand auf die Wende vor. Bei Wettkämpfen gibt es gewöhnlich eine Markierungslinie mit Fähnchen über dem Wasser. Sie können einen bestimmten Punkt an der Decke wählen, oder zählen Sie, wie viele Armzüge Sie auf einer Bahn machen. Es ist der letzte Armzug, der Sie in die Rollwende bringt.

• **HOCH UND HINÜBER**
Nachdem der Arm das Wasser verlassen hat, hebt er sich über Ihren Kopf und leitet die Wende ein.

Schritt 2 und 3

IN DIE ROLLE

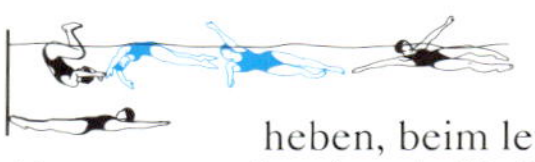

Führen Sie den Arm, den Sie in Schritt 1 aus dem Wasser heben, beim letzten Zug vor der Wand aus dem Wasser nach hinten. Aber, anstatt den Arm in Verlängerung der Schulter wieder einzutauchen, wie beim normalen Rückenkraulen, führen Sie ihn diagonal über Ihren Körper, während Sie in gleicher Richtung in die Bauchlage rollen – und so bereit sind für eine **Rolle vorwärts** (s. Schritt 4). Atmen Sie tief (nicht zu tief) ein, wenn die Rollbewegung Ihr Gesicht für einen kurzen Moment auftauchen läßt.

• **DER ARM**
Dieser Arm wird hochgeführt, nach hinten und diagonal über den Körper.

• **DURCHZIEHEN**
Während der eine Arm herüberkommt, zieht der andere Arm unter Ihrem Körper durch das Wasser.

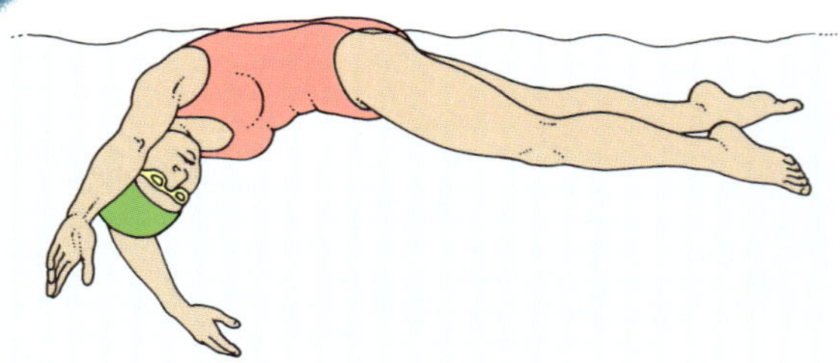

FERTIG FÜR DIE ROLLE
In Bauchlage sind Sie nun bereit für die **Rolle vorwärts.** Versuchen Sie, Ihren Arm in einer flüssigen Bewegung herüberzuheben und zu rollen. Halten Sie Ihren Kopf bei der Rolle auf der Brust.

Schritt 4

DIE VORWÄRTSROLLE

Während Sie sich in die Bauchlage drehen, beginnen Sie mit der **Rolle**, wie bei der normalen Kraulwende. Halten Sie die Luft an. Drehen Sie sich so, daß sich Ihre Füße beim Auftauchen nach der Rolle wieder unter Wasser an die Wand stemmen, von wo Sie sich abstoßen.

DIE REGELN

Die Regeln und der Schwimmstil haben sich in den letzten Jahren drastisch verändert. Die alte Wende war völlig anders, denn man mußte bei jeder Wende die Wand mit den Händen berühren. Nun berühren Sie sie nur noch mit den Füßen. Sie dürfen jetzt auch in einer flüssigen Bewegung in die Bauchlage rollen, wenn Sie – auf Armeslänge von der Wand entfernt – zur Wende ansetzen. Sie werden aber disqualifiziert, wenn Sie in die Bauchlage rollen, einen Armzug machen und dann erst die *Rolle* zur Wende ansetzen.

HALTEN SIE DIE BEINE GESCHLOSSEN • Beide Beine müssen sich unbedingt gleichzeitig bewegen.

Schritt 5

DER ABSTOSS

Der Krafteinsatz beim Abstoß von der Wand kommt aus den Beinen. Sie sollten dabei gleichzeitig durch die Nase ausatmen. Der Krafteinsatz der Beine gibt den Impuls für die *Gleitphase* in gestreckter Rückenlage und unter der Wasseroberfläche. Sobald Sie merken, daß der Schwung nachläßt, beginnen Sie mit dem Beinschlag – der bringt Sie zurück an die Wasseroberfläche. Und nun erst setzen Sie nacheinander mit dem Armzug ein. Es gibt keine „ganze Sequenz" für diese Wende, da alles auf diesen zwei Seiten gut gezeigt ist.

Pfeilgerade Arme helfen, die Gleitphase bestmöglich zu nutzen.

Lektion

9 Der Kopfsprung

Teil 2

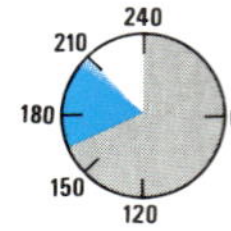

Definition: *Vom Beckenrand kopfüber eintauchen*

Der Kopfsprung kann wie eine unüberwindbare Schwierigkeit erscheinen. Daher erarbeiten Sie sich ihn am besten im mehreren kleinen Schritten. Die Seiten 74–75 zeigen einen einfachen tiefen Kopfsprung, den **Abfaller**, aus dem Stand. „Die ganze Sequenz" auf den Seiten 76–77 baut darauf auf und fügt Erweiterungen hinzu, für einen einfachen flachen Kopfsprung, der die ideale Voraussetzung für einen ausgefeilten Startsprung ist (s. S. 78–81). Bevor Sie beginnen, prüfen Sie, ob das Wasser tief genug ist – wenigstens 2 m. Die Tiefe sollte am Beckenrand markiert sein. Springen Sie nur in Schwimmhallen mit einem Kopfsprung ins Wasser. Sie können nie sicher sein, wie tief eine Meeresstelle oder der Flußabschnitt ist, an dem Sie hineinspringen. Versuchen Sie, wenn Sie keinen Lehrer bei sich haben, ausschließlich die Kopfsprünge aus Lektion 9 und 10.

ZIEL: Ein sauberes Eintauchen mit einem Minimum an Spritzern. *Bewertung* ••••

„Abfaller"

Schritt 1

Die richtige Position

Stellen Sie sich an die Beckenkante, strecken Sie die Arme nach vorne (rechts). Bleiben Sie **entspannt,** bis Sie eintauchen. Stellen Sie sich eine „Öffnung" in der Wasseroberfläche vor, durch die Sie ins Wasser gleiten – Arme und Kopf zuerst.

Hier sind die Arme abgeschnitten, so daß man die Fußstellung am Beckenrand sieht.

ÜBERBLICK
Stellen Sie sich an den Beckenrand, die Füße schulterbreit auseinander, die Zehen krallen sich um den Beckenrand; so haben Sie einen **sicheren Stand** vor dem Eintauchen.

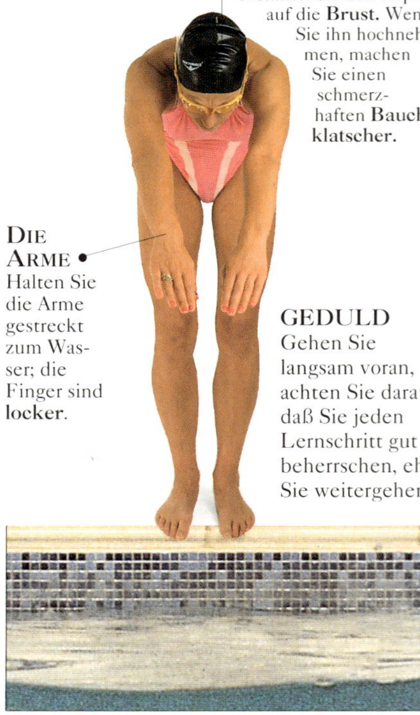

• Der Kopf
Nehmen Sie den Kopf auf die **Brust.** Wenn Sie ihn hochnehmen, machen Sie einen schmerzhaften **Bauchklatscher.**

Die Arme •
Halten Sie die Arme gestreckt zum Wasser; die Finger sind **locker.**

GEDULD
Gehen Sie langsam voran, achten Sie darauf, daß Sie jeden Lernschritt gut beherrschen, ehe Sie weitergehen.

GRUNDBEGRIFFE DES KOPFSPRUNGS

DER KOPF •
Halten Sie den Kopf fest auf der **Brust.** Die Arme liegen **hinter** den Ohren am Kopf an.

DIE AUSGANGS-HALTUNG
Wenn Sie den Kopfsprung – bzw. den **Abfaller** – nicht aus dem Stand machen mögen, üben Sie ihn aus dem Sitzen, dann aus dem Kniestand, dann aus dem Hockstand. Lassen Sie auf jeden Fall immer den Kopf auf der Brust.

AUS DEM SITZ
Setzen Sie sich auf den Beckenrand, die Knie sind geschlossen, die Füße berühren die Wand. Zeigen Sie mit den Armen nach vorne (s. Bild), und kippen Sie vorneüber ins Wasser – durch die gedachte „Öffnung“, die sich dicht vor Ihren Füßen befindet – Arme und Kopf tauchen zuerst ein. Der Kopf ist auf der Brust.

AUS DEM HOCKSTAND
Hocken Sie sich (oder knien Sie sich) dicht an den Beckenrand. Die Arme zeigen nach vorne. Sie kippen nach vorne über. Drücken Sie sich kräftig mit den Beinen ab, damit Sie schnell in die Stromlinienform kommen. Das hilft Ihnen, den schlechten Eintauchwinkel wegen der gebeugten Beine auszugleichen.

Schritt 2

HINEIN INS WASSER

Fallen Sie mit dem Kopf zwischen den Armen (Arme hinter den Ohren) elegant durch die „Öffnung“: erst die Finger, dann die Hände, die gestreckten Arme, Kopf, Schultern und der restliche Körper. „Finden“ Sie die gedachte Öffnung dicht unter Ihren Füßen am Beckenrand – wenn Sie besser werden, finden Sie die Öffnung weiter weg vom Beckenrand, Sie drücken sich dann kräftiger mit Ihren Füßen ab, um hineinzuspringen. Spannen Sie die Hände. Zeigen Sie sofort nach dem Eintauchen mit den Fingern wieder **aufwärts,** um schnell wieder aufzutauchen.

PFEILARTIG •
Beim Eintauchen sollten Sie von den Fingerspitzen bis zu den Zehen **pfeilgerade** sein. Der Kopf ist auf der Brust, die Arme liegen hinter den Ohren am Kopf, die Hände sind zusammen.

PLATSCH
Versuchen Sie, möglichst ohne Spritzer einzutauchen. Sie sollten versuchen, eher durch die Wasseroberfläche **hindurchzugleiten** als daraufzuklatschen.

Lektion 9

Der ganze Kopfsprung

Die ganze Kopfsprungsequenz

Sie haben die Grundbegriffe des „Abfallers“ automatisiert. Nun nehmen Sie, wie hier, den Armschwung hinzu, damit Ihr Kopfsprung einen stärkeren Impuls und so mehr Schnelligkeit bekommt.

• **Hinsehen** Springen Sie kopfüber in die gedachte „Öffnung“. Die Zehen krallen sich um den Beckenrand.

• **Zurück** Schwingen Sie die Arme so weit nach hinten, wie Sie es auf diesem Bild sehen.

• **Absprung und Flug** Schwingen Sie die Arme wieder vor, bis sie eng am Kopf hinter den Ohren liegen. Drücken Sie sich mit den Beinen ab.

Wettkampftips

Die Bewegungsfolge

Wettkampfschwimmer tendieren zum wesentlich schnelleren ***Grabstart*** (s. S. 78–81). Wollen Sie aber den hier gezeigten Startsprung machen, sieht die Bewegungsfolge so aus:

- Auf das Kommando „Auf die Plätze“ stehen Sie ruhig in gebeugter Haltung, die Arme zeigen nach vorne s. oben).
- Auf „Los“ schwingen Sie die Arme in rückwärtiger Kreisbewegung wieder nach vorne. Dabei drücken Sie sich mit den Beinen kraftvoll ab.Lassen Sie die „Öffnung“ nicht aus den Augen – aber der Kopf liegt auf der Brust, die Arme hinter den Ohren.

Ein klarer Blick

Vielleicht tragen Sie beim Wettkampf lieber eine Schwimmbrille. Sobald Sie im Wasser sind, müssen Sie nämlich genau sehen, wo Sie sind. Sie brauchen Übung, wenn Sie mit der Schwimmbrille einen Startsprung machen wollen: Sie verrutscht sehr leicht.
Ziehen Sie das Gummi recht fest, aber nicht zu stramm. Halten Sie den Kopf tief auf die Brust. Wenn Sie ihn hoch nehmen, verrutscht die Brille meist. Tragen Sie eine Badekappe, um die Haare aus dem Gesicht zu halten.

Kleine Schritte

Sie müssen sicher sein, daß Sie diesen Kopfsprung vollständig beherrschen, ehe Sie zum Wettkampfstartsprung weitergehen (wie auf S. 78-81).

DURCH DIE ÖFFNUNG

DER KORREKTE EINTAUCHPUNKT

Wenn Sie mit vollkommen gestrecktem Körper und mit den Händen zuerst ins Wasser tauchen, wird Ihr Unterkörper noch außerhalb der gedachten „Öffnung" sein (unten). Um auch die Beine geradlinig ins Wasser zu bringen – und nicht aufs Wasser aufklatschen zu lassen –, können Sie Ihre Hüfte leicht anwinkeln und das Gesäß nach oben ziehen, oder Sie drücken sich sehr kräftig ab.

STÄRKERES ANWINKELN

Wenn Sie die Hüfte stärker anwinkeln, gelingt es Ihnen leichter, in die „Öffnung" im Wasser hineinzuspringen. Je weniger Sie spritzen, desto besser sind Sie ins Wasser gekommen. Eine leicht angewinkelte Körperhaltung läßt Sie außerdem auch tiefer ins Wasser gleiten. Vor allem: Drücken Sie sich kräftig vom Beckenrand ab.

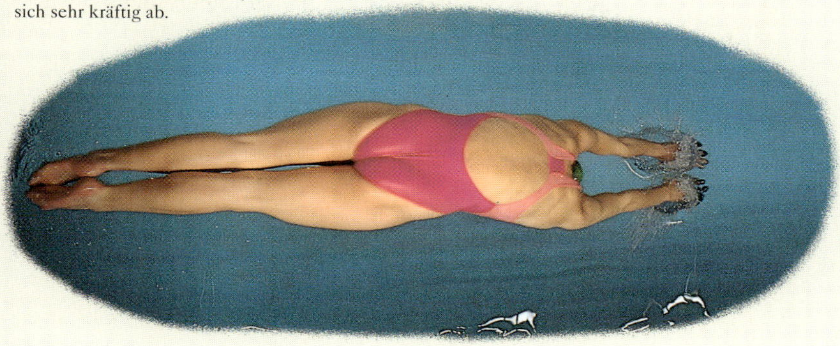

DURCH DIE GEDACHTE ÖFFNUNG
Im **Flug** sollten Sie die Hüfte leicht anwinkeln, so daß Ihr ganzer Körper – von den Fingerspitzen (die das Wasser „teilen") bis zu den Zehen – durch die „Öffnung" ins Wasser gleitet. Sie sehen diese „Öffnung" bis zum allerletzten Moment an und „stecken" dann extrem den Kopf „weg" (auf die Brust).

NUTZEN SIE DEN SCHWUNG
Bleiben Sie im Wasser völlig gestreckt, nutzen Sie den Schwung, und **gleiten** Sie eine Weile. Sie nehmen natürlich noch mehr Schwung mit, wenn Sie Ihren Absprung durch den Armschwung und kräftigen Abstoß von den Beinen unterstützen.

Lektion

10 DER STARTSPRUNG

Teil 2

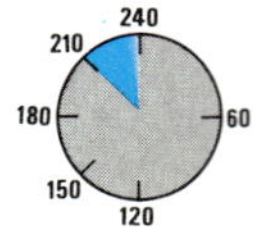

Definition: *Der wettkampfgerechte „Grabstart".*

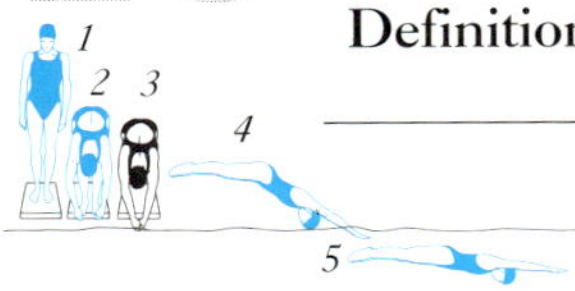

DER STARTSPRUNG soll Sie im Wettkampf so schnell wie möglich vom Startblock ins Wasser befördern. Ein *Grabstart* ist dafür beim Vorwärtsstart höchst effektiv, da Sie hierbei zusätzlich auch Ihre Armmuskulatur einsetzen.

ZIEL: Mit größtmöglicher Geschwindigkeit und Schwung in die Gleitphase im Wasser gelangen. *Bewertung* ••••

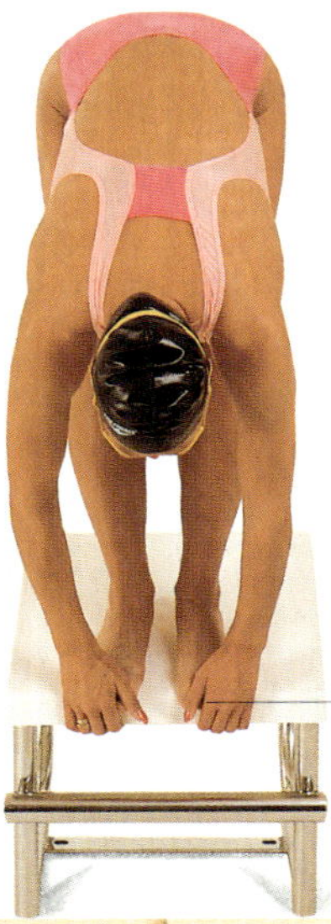

Schritt 2

SPRUNGBEREIT

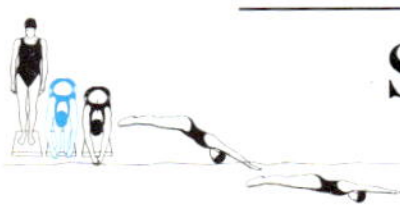

Nachdem Sie hinter dem **Startblock** gewartet haben, nehmen Sie auf das Schiedsrichterkommando „Auf die Plätze" diese hier gezeigte Haltung ganz vorne auf dem Block ein: Ihre Hände fassen um die Kante, die Knie sind gebeugt, die Zehen ebenfalls um die Kante gekrallt für einen festen Halt der Beine, so daß die Beinmuskulatur im Moment des **Absprungs** mit voller Kraft arbeiten kann.

• DIE HÄNDE
Die Hände können entweder über die Zehen fassen oder seitlich neben die Füße greifen – wählen Sie sich die angenehmste Haltung aus.

• WIE EINE SPRUNGFEDER
Sie sollten zusammengeklappt und gespannt wie eine Sprungfeder sein, die gleich nach vorne schnellt.

SICHERHEIT
Üben Sie so lange, bis Sie sich an diese Haltung gewöhnt haben und sich sicher fühlen.

STARTBLÖCKE
Oben: Diese Seitenansicht zeigt Ihnen, daß Ihnen der Start vom **Block** mehr Höhe gibt, womit sich die Entfernung, aber auch die Schnelligkeit für das Eintauchen vergrößert.

Schritt 4

EINTAUCHEN

Auf das Kommando „Los“ (ein Pfeifton) verlassen Sie den **Startblock** folgendermaßen: Sie ziehen die Arme an und kippen nach vorne über. Ihre Knie beugen sich noch stärker, die Arme schwingen kräftig nach vorne (in dem Moment hebt sich Ihr Kopf, und Sie sehen auf die „Öffnung“ im Wasser, in die Sie hineinspringen wollen). – Drücken Sie sich so kräftig mit Ihren Beinen und Füßen ab wie möglich. – Winkeln Sie beim Bruststil die Hüfte leicht ab, damit Sie tiefer ins Wasser tauchen. Beim Kraulstil und Delphin strecken Sie sich pfeilgerade und springen so flach wie möglich, damit Sie eine größtmögliche Geschwindigkeit und Schwung für das **Gleiten** unter Wasser haben.

DAS GEHEIMNIS DES ERFOLGES

1. Der Schlüssel zum guten Eintauchen: Sie halten die Füße geschlossen, spüren den Absprung bis in die gestreckten Zehen. Der Kopf liegt auf der Brust, die Arme hinter den Ohren, die Hände sind zusammen. Der Körper ist stromlinienförmig.

HÜFTE UND GESÄSS •

Indem Sie die Hüfte und das Gesäß leicht anheben, heben Sie automatisch die Füße, so daß Ihr Körper mit wenigen Spritzern, d. h. unter geringem *Wasserwiderstand,* ins Wasser gleitet.

DER RÜCKENSTART

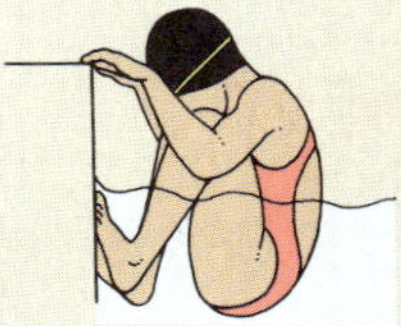

1. ZUSAMMENGEKAUERT

Bei „Auf die Plätze“ ziehen Sie sich in eine **kauernde** Haltung am Griff aus dem Wasser: sprungbereit, rückwärts ins Wasser zu tauchen.

DICHT AN DER WASSEROBERFLÄCHE

Die hier gezeigte Technik verhilft zu einem schnellen, explosionsartigen Rückenstart für das wettkampfmäßige *Rückenkraulen.* Die Armkraft wird hier ebenso genutzt wie beim „Grabstart“ beim Kraulen. Stemmen Sie Ihre Füße so hoch wie möglich an die Wand, aber: Die Füße müssen beim Wettkampfstart unter der Wasseroberfläche sein. Wenn in der Gleitphase nach dem Sprung der Schwung nachläßt, dürfen Sie zwei bis drei rückwärtige **Delphinbeinschläge** machen, ehe Sie mit dem Rückenkraulbeinschlag beginnen; das gibt Ihnen zusätzliche Geschwindigkeit.

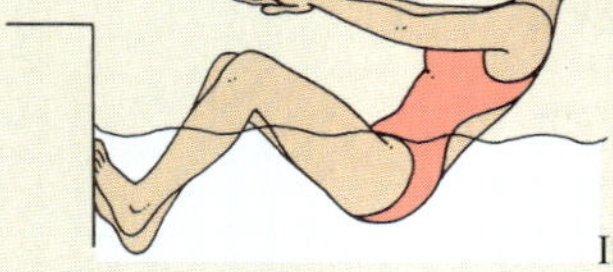

2. „LOS“

Auf den Pfiff, d. h. „los“, ziehen Sie sich mit den Armen noch höher und „explodieren“ durch den Abdruck mit den Füßen und Beinen nach hinten.

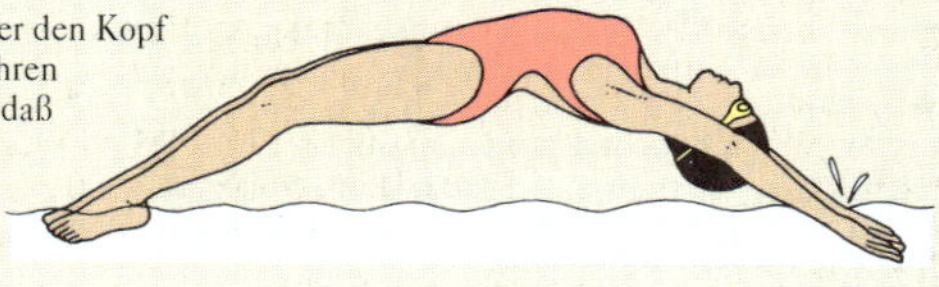

3. RÜCKWÄRTS

Werfen Sie Ihre Arme über den Kopf nach hinten, biegen Sie Ihren Körper ins Hohlkreuz, so daß Sie mit Armen und Kopf und dann mit dem restlichen Körper kraftvoll ins Wasser **gleiten.**

Lektion
10

DIE GANZE SEQUENZ

Für den wettkampfmäßigen Startsprung müssen Ihnen die Regeln und der Wettkampfablauf ebenso vertraut sein wie die Schwimmtechnik – es gibt nur eine schmale Grenze zwischen der besten Nutzung des *Grabstarts* und der Disqualifikation wegen eines Frühstarts: Hören Sie auf den Startpfiff. – Sie blicken nicht zum Schiedsrichter, aber antizipieren Sie den Pfiff nicht. Die Regeln erlauben nur einen Fehlstart – bei jedem Wettkampfstart. Danach bedeutet jeder Regelverstoß Disqualifikation.

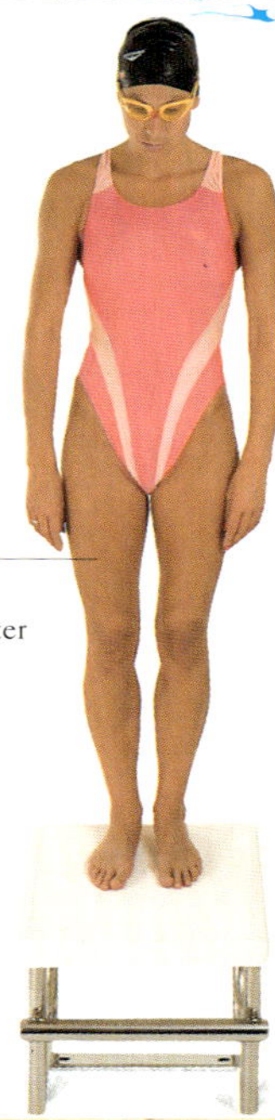

DER START •
Sie beginnen, indem Sie hinter dem *Startblock* stehen. Wenn Sie das erste Signal (einen langen Pfiff) hören, stellen Sie sich auf die untere Stufe oder hinten (Bild) auf den Startblock.

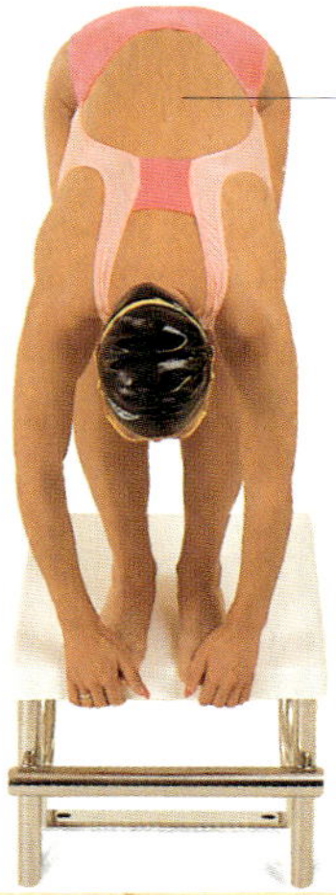

• **DIE GRABSTART-HALTUNG**
Auf das Kommando „Auf die Plätze“ nehmen Sie, wie hier, vorne an der Blockkante die *Grabstart*-Haltung ein. Sie müssen nun absolut stillstehen – die geringste Bewegung könnte Sie disqualifizieren.

Gebogene Körperhaltung

DIE ATMUNG

BEIM GLEITEN WIRD AUSGEATMET
Vermeiden Sie es, nach dem Startsprung mit dem ersten Armzug an die Oberfläche zu kommen, um zu atmen, denn der angehobene Kopf bremst Sie. Bleiben Sie daher für den ersten Schwimmzug unter Wasser. Beim **Brustschwimmen** dürfen Sie einen Armzug (das ist in der Regel ein **Tauchzug**) und einen Beinschlag unter Wasser machen und danach erst auftauchen. Sie müssen an der Oberfläche sein, wenn Sie mit dem zweiten Armzug beginnen.

DER KOPF ALS STEUER
Achtung: Ihr Kopf, Hände und Arme wirken wie das Steuer eines Bootes. Sie sinken ab, wenn Sie sie unten lassen. Sobald Sie im Wasser sind, sollten Sie sie **hochhalten,** damit Sie wieder an die Oberfläche gleiten. Außerdem können Sie dann sehen, wohin Sie schwimmen.

KRÄFTE SCHONEN

NACH DEM SPRUNG

Sie müssen nun versuchen, den **Impuls** vom Startsprung zu erhalten. Daher sollten Sie nicht bis zum völligen Ausklingen des Schwunges gleiten, ehe Sie mit den Schwimmzügen beginnen.

GLEITEN, NACH VORNE SEHEN UND MIT DEN BEINEN SCHLAGEN

Im Wasser sollten Sie das beste aus Ihrem Start-**Schwung** machen und vorerst **gleiten** – sofort einsetzende Schwimmbewegungen erzeugen Widerstand und bremsen! Bei deutlicher Verlangsamung der Gleitphase setzt der Beinschlag ein (s. Foto links). Heben Sie jetzt beim **Kraulen** und **Delphin** den Kopf, damit Sie sehen, wohin Sie schwimmen, und um möglichst schnell an die Wasseroberfläche zu kommen und dort weiterzuschwimmen – beginnend mit dem Beinschlag. Beim **Brustschwimmen** machen Sie erst den **Tauchzug** unter Wasser.

• „Los“ – Der Sprung

Beim elektronischen „Los“-Signal (oft ein Pfiff) ziehen Sie sich kräftig nach vorne, kippen über und springen ab. Heben Sie die Hüfte, so daß Sie in einem kleinen Bogen und mit möglichst wenigen Spritzern ins Wasser tauchen. Der **Grabstart** ist so wirkungsvoll, weil die gesamte Bewegung nach vorne geht. Dagegen gibt es eine verzögernde Rückstoßbewegung, wenn Sie mit dem Armkreis bei dem herkömmlichen Startsprung den Schwung von hinten holen (vgl. S. 76–77).

Das Gleiten •

Nutzen Sie, sobald Sie eingetaucht sind, die **Gleitphase** gut aus. Halten Sie die Arme zusammen und bis in die Fingerspitzen gestreckt – nicht steif.

TIPS FÜR FORTGESCHRITTENE

Vom Schwimmen zum Wassersport

DIE FÄHIGKEIT ZU SCHWIMMEN eröffnet Ihnen weitere interessante Wassersportarten: **Segeln, Windsurfen, Wasserski… (s. S. 15, Surfen lernen, leicht, schnell, gründlich).** Sobald Sie die Grundlagen dieses Kurses beherrschen, können Sie andere Wasseraktivitäten erproben und sie sogar bis zur Wettkampffähigkeit erlernen. Aber das Schwimmen selbst ist auch eine exzellente Allround-Aktivität – sie ist besonders gut für die Erhaltung und Verbesserung der eigenen Fitneß, Beweglichkeit und Kräftigung. Entwickeln Sie eine saubere Technik, und gehen Sie regelmäßig schwimmen – und Sie tun etwas Gutes für Ihre Gesundheit (s. S. 14).

Sie sollten einem Schwimmverein beitreten – vielleicht gibt es in Ihrem Ort einen, in dem es ein Angebot für alle Altersklassen gibt. Wenn Sie so gut schwimmen, daß Sie an Wettkämpfen teilnehmen können, fragen Sie nach dem Wettkampftraining. Jeder Mensch über 25 kann an Meisterschaften teilnehmen. – Sie brauchen keine Qualifikationszeit, Sie müssen nur dem Verein angehören. Fragen Sie in Ihrer örtlichen Schwimmhalle nach oder beim Schwimmverband (s. S. 96). Um Ihre Fitneß und Technik zu pflegen, sollten Sie wenigstens zweimal eine halbe Stunde jede Woche schwimmen. Am frühen Morgen oder in der Mittagszeit ist es meistens etwas ruhiger im Bad, und ein paar Bahnen bringen Sie so richtig für den Tag in Schwung. „Frühaufsteher"-Clubs helfen hervorragend, den Tag zu beginnen, Menschen zu treffen und, wenn Sie einen Dauerschwimmwettbewerb anstreben, ein wöchentliches Training durchzuziehen. Erkundigen Sie sich in Ihrem Schwimmbad nach Einzelheiten. Viele Vereine bieten auch Kurse in Wasser-***Aerobics*** an – ein herrlicher Weg, fit und beweglich zu bleiben (s. S. 88–89). Ob Sie zur Erholung schwimmen, aus Wettkampfgründen oder um andere Wassersportarten zu erlernen, setzen Sie sich realistische Ziele – und halten Sie sich an sie (s. S. 20–21, 90–91).

Lagenschwimmen

Alle Schwimmstile zusammen

Das Lagenschwimmen – der „Mehrkampf“ der Schwimmaktivitäten, ist die größte Herausforderung an den Schwimmer. Es beinhaltet alles, was Sie gelernt haben – alle vier Schwimmstile plus Wenden, Starts und Zieleinlauf und mehr. Selbst wenn Sie nicht an einem Wettkampf teilnehmen wollen, ist das Lagenschwimmen die ideale Weise, Ihre Fähigkeiten zu üben.

Grabstart
(s. S. 78-81)

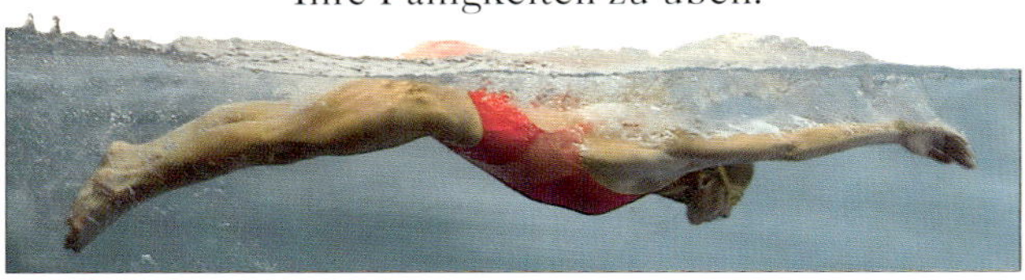

1. STIL: DELPHIN

Machen Sie eine ganze Rolle (benutzen Sie die Anschlaghand als Hebel).

3. STIL: BRUSTSCHWIMMEN

DIE WENDE VOM RÜCKENKRAULEN ZUM BRUSTSCHWIMMEN
Sie kommen in Rückenlage an, fassen mit einer Hand hinter sich an die Wand. Machen Sie eine Rolle rückwärts, so daß Ihre Füße an die Wand stoßen und Sie sich von ihr in Bauchlage wegstemmen. Sie dürfen **einen Schwimmzug (Tauchzug)** unter Wasser machen.

Beckenwand

Lagenwechsel

Das Lagenschwimmen stellt besondere Anforderungen, da Sie von der Bauchlage in die Rückenlage und von der schnellen zur langsamen Stilart wechseln. Für den flüssigen Wechsel von einer zur anderen Stilart benötigen Sie die speziellen Wenden, die Sie auf diesen zwei Seiten sehen. Im Wettkampf sind die Wenden den strengen Wettkampfregeln unterworfen, die z. T. ja auch hier verdeutlicht werden.

REGELN UND BESTIMMUNGEN

DIE REIHENFOLGE

Beim Einzelwettbewerb in den Lagen schwimmt der Wettkämpfer vier Schwimmstile auf vier gleich langen Strecken in folgender Reihenordnung:
Delphin • **Rücken** • Brust • Kraulen
Die Schwimmer müssen alle Wettkampfregeln für jeden einzelnen Schwimmstil einhalten.

EINZELKAMPF UND STAFFEL

• Es gibt zwei Disziplinen für den Einzelwettbewerb: 200 und 400 m – jeweils 50 m bzw. 100 m für jede Lage (in einem 25-m-Becken benutzen Sie die normalen, der Stilart entsprechenden Wenden auf den Teilstrecken).
• Es gibt auch die 4 x 100 m Lagenstaffel. Deren Reihenfolge ist:
Rücken • Brust • Delphin • Kraulen
Ihre Füße dürfen bei der Staffel nicht eher den **Block** verlassen, ehe der Vorgänger nicht die Wand berührt hat.

DIE WENDE VOM DELPHINSTIL ZUM RÜCKENKRAULEN

Fassen Sie mit beiden Händen (Sie müssen horizintal fassen) an die Wand, bringen Sie die Knie hoch zu Ihrem Bauch, und werfen Sie den Oberkörper nach hinten. Stemmen Sie gleichzeitig beide Füße an die Wand, und drücken Sie sich in Rückenlage von der Wand ab.

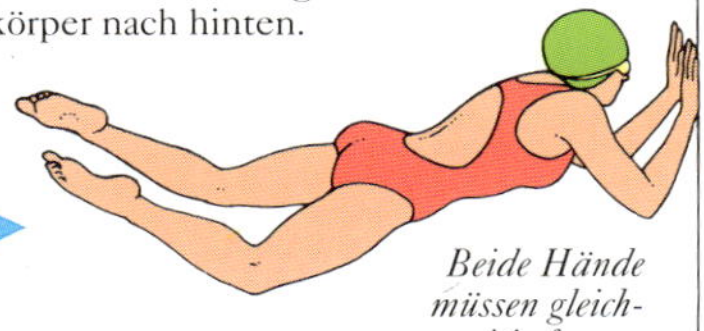

Beide Hände müssen gleichzeitig fassen.

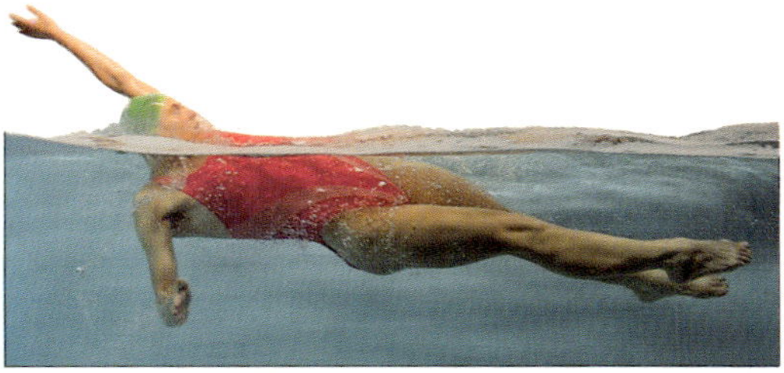

2. STIL: RÜCKENKRAULEN

Dies ist die übliche Wende (Seitenwende) bei Brust- und Delphinwettkämpfen.

DIE WENDE VOM BRUSTSCHWIMMEN ZUM KRAULEN

Beide Hände fassen gleichzeitig an die Wand, Hände und Schulterlinie sind horizontal. Sie beugen die Knie, bringen einen Arm unter die Rippen, von wo aus Sie ihn zur Gleitphase strecken, der andere Arm greift über der Wasseroberfläche nach vorne ins Wasser. Der Kopf und gestreckte Körper folgen dem hohen Arm beim Abstoß von der Wand.

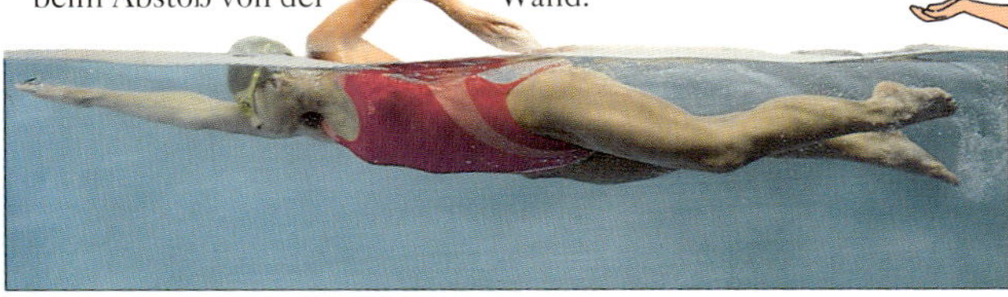

Drehen Sie sich so, daß Ihre Füße Sie von der Wand wegdrücken, wenn Sie sich in die Bauchlage drehen.

LETZTER STIL: KRAULEN

SICHERHEIT IM WASSER

Einige simple Maßnahmen bei Schwierigkeiten.

SCHWIMMEN IST NICHT NUR IRGENDEINE SPORTART – es ist auch eine lebensrettende Fertigkeit. Wenn Sie jemanden sehen, der Schwierigkeiten im Wasser hat, könnte Ihr erster Gedanke sein, einfach hineinzuspringen und ihn zu retten. Das ist tatsächlich die letzte Möglichkeit, die Sie ergreifen sollten. Jemand, der im Wasser in Panik gerät, entwickelt Bärenkräfte und kann Sie sehr leicht mit unter Wasser ziehen. Das Beste, was Sie machen können – ob Sie nun Retter oder Zu-Rettender sind – ist, so ruhig wie möglich zu bleiben und den Maßnahmen zu folgen, die hier gezeigt sind. Sie brauchen nicht stark zu sein; ein kleines Kind kann mit diesen Methoden einen Erwachsenen retten.

ABSCHLEPPEN

Dies ist die erste Möglichkeit, die Sie nutzen sollten, wenn jemand nahe der Beckenwand in Schwierigkeiten kommt. Wenn kein Tau zur Hand ist (was anzunehmen ist), werfen Sie ein Ende eines Handtuches oder einer langen Hose dem Schwimmer zu. Das andere Ende halten Sie fest. Handeln Sie ruhig, aber richtig, denn es ist schwierig, ein voll Wasser gesogenes Handtuch genau zu dirigieren. In vielen Hallenbädern sind sogenannte **Schwimmstangen** an den Wänden befestigt, die können Sie dem Hilfesuchenden vor den Körper halten, so daß er sich daran festhalten kann. In den Freibädern gibt es zusätzlich noch Rettungsringe.

SICHERE POSITION Legen Sie sich auf den Beckenrand, damit Sie in stabiler und sicherer Position sind und nicht ins Wasser gezogen werden können.

FESTHALTEN Benutzen Sie möglichst etwas, was Sie beide gut greifen und festhalten können.

UNTERHALTEN SIE SICH

Wenn ein Schwimmer etwas weiter vom Beckenrand entfernt ist, werfen Sie ihm ein ***Schwimmbrett*** zu. Sagen Sie ihm, er solle mit den Beinen treten und strampeln und den Kopf über Wasser halten. Sie werden ihm Sicherheit einflößen, wenn Sie ruhig bleiben und die ganze Zeit ruhig zu ihm sprechen. Winken Sie ihm zu, und sprechen Sie ermutigend auf ihn ein, etwa: „Ich bin hier, schwimm her, ich warte auf dich."

WAS IST NÜTZLICH?

Ist keine **Schwimmhilfe** vorhanden, nehmen Sie einen Ball oder eine Plastikflasche.

IM WASSER

DIE LETZTE RETTUNGSMETHODE

Sie sollte als allerletzte Möglichkeit angewandt werden: Machen Sie in senkrechter Haltung Brustbeinschläge, um Ihren Kopf über Wasser zu halten. Drehen Sie den Schwimmer auf den Rücken in eine schwebende Lage. Halten Sie sein Gesicht über Wasser, indem Sie Ihre Hand unter die Kinnspitze halten – nicht auf den Kehlkopf fassen. (Sie können auch mit beiden Händen unter die Kieferknochen unterhalb der Ohren fassen.) Ermutigen Sie ihn, mit den Beinen zu treten. Reden Sie ständig beruhigend auf ihn ein.

VERTRAUEN GEWINNEN

WASSERSPIELE

Alles, was Ihnen hilft, sich im und am Wasser wohl zu fühlen, ist hilfreich. Unterwasserspiele sind dafür besonders gut geeignet. Sie können helfen:

- daß Sie sicherer werden und weniger leicht in Panik geraten, wenn etwas schiefgeht,
- die Monotonie des Bahnenschwimmens durchbrechen,
- Spaß haben bei Übungen, die notwendig sind und in anderer Form zu Schwierigkeiten führen, z. B. bei Asthmatikern und körperlich Behinderten oder Sportverletzten,
- daß Anfänger sich gut ans Wasser gewöhnen (vorausgesetzt, sie mögen untertauchen), und daß Fortgeschrittene sich daran gewöhnen lernen, unter Wasser zu schwimmen.

SPIELIDEEN

Erfinden Sie Ihre eigenen Spiele. Hier ein paar Ideen, die Sie erweitern können:

- Sammelt kleine Ringe vom Beckenboden, und werft die Ringe über Stäbe (s. unten).
- Schwimmt und taucht durch Hula-Hoop-Reifen (Gymnastikreifen).
- Macht einen Handstand auf dem Beckenboden, und bleibt möglichst lange auf den Händen stehen.
- Schwimmt durch die gespreizten Beine eurer Freunde.
- Taucht, und sammelt irgendwelche Gegenstände vom Beckenboden auf.

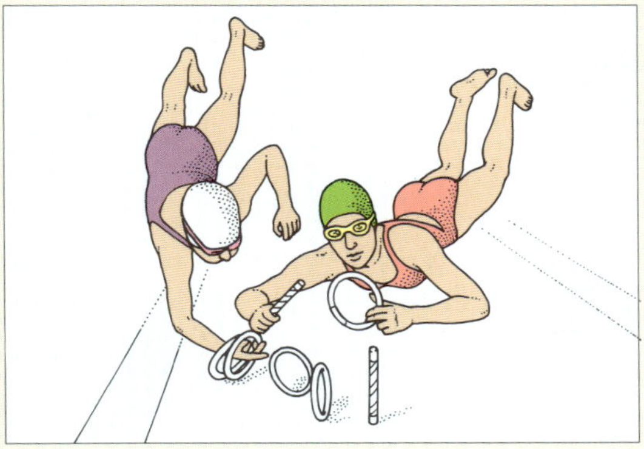

WASSER-AEROBICS

Aerobic-Übungen im Wasser gegen den natürlichen Widerstand des Wassers.

WASSER-AEROBICS HÄLT DEN KÖRPER FIT und aktiviert eine breite Palette der Muskeln, weil der Körper gegen den **Wasserwiderstand** arbeitet. Als natürliche Balancehilfe hält das Wasser jede Anstrengung und Anspannung gering. Versuchen Sie, diese Übungen als Aufwärmübungen vor dem Schwimmen durchzuführen oder als zusätzliche Variante Ihrem Trainingsprogramm hinzuzufügen. Wasser-Aerobics ist wichtig für Reha-Patienten oder für Leute, die geschmeidig bleiben wollen, und für Frauen vor und nach der Entbindung. Machen Sie es gerade so, wie Sie es wollen; die Übungen hier sind Anfängerübungen. Idealerweise sollte das Wasser warm sein. Stellen Sie sich in ungefähr schultertiefes Wasser, möglichst nahe dem Beckenrand, für den Fall, daß Sie sich abstützen müssen. In vielen Schwimmhallen gibt es Wasser-Aerobic-Kurse, gewöhnlich mit Musik – eine Spaß/Fitneß-Stunde.

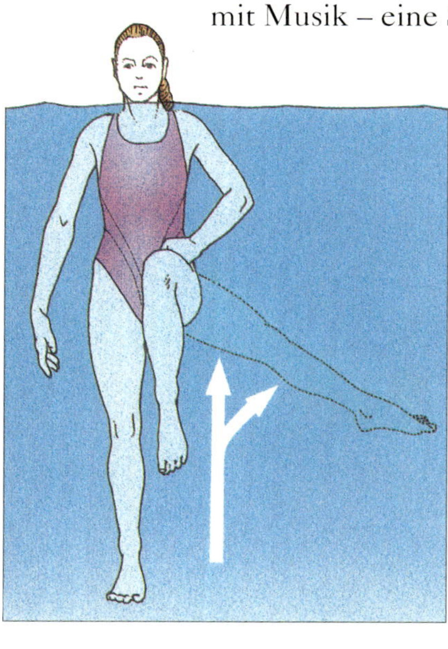

1. DIE OBERSCHENKEL
Diese Übung trainiert die vorderen und inneren Oberschenkelmuskeln: Heben Sie ein Knie bis an die Brust, lassen Sie es etwas sinken, und führen Sie es seitwärts. Machen Sie das 10mal, dann nehmen Sie das andere Bein. Wenn Sie nicht sicher genug stehen, halten Sie sich am Beckenrand fest.

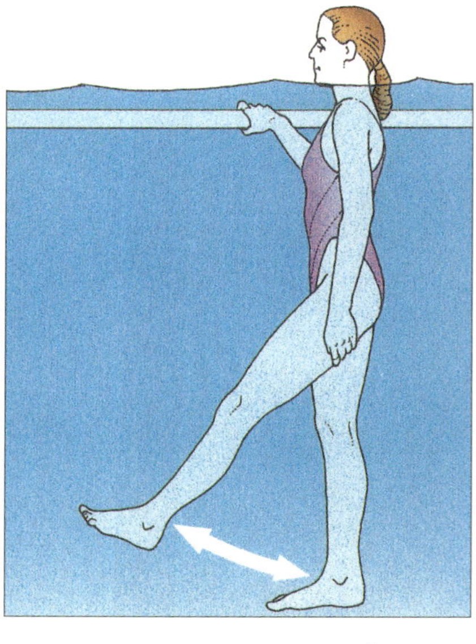

2. OBERSCHENKEL UND RÜCKEN
Gut für den Po, die oberen Oberschenkel und den unteren Rücken. Schwingen Sie ein Bein 10mal langsam und nicht sehr weit vor und zurück; halten Sie den Rücken gerade, und beugen Sie ein wenig das Standbein. Dann ist das andere Bein dran. Nun noch einmal von vorne, aber bitte festhalten und das Bein höher und kraftvoller schwingen.

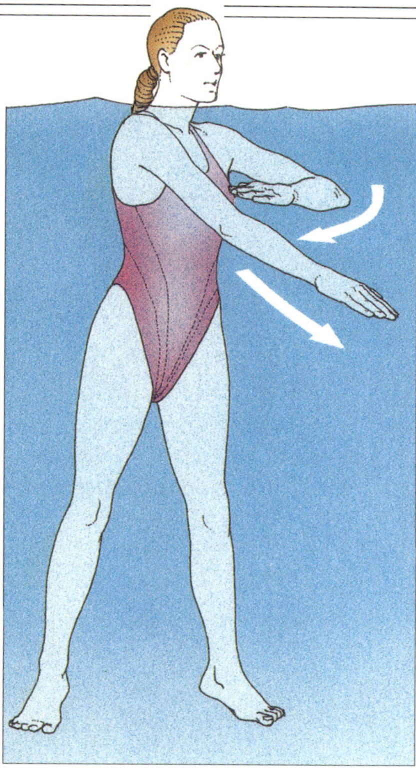

3. ARME UND SCHULTERN (oben)
Die Knie sind gebeugt, die Arme gerade. Mit geballten Fäusten ziehen Sie die Arme 15x an den Körper.

4. ARME UND TAILLE (links)
Die Arme sind etwa schulterhoch, die Ellbogen gebeugt. Schwingen Sie mit dem Körper von einer Seite zur anderen, und schlagen Sie im Wechsel mit einem Arm (je 10x) abwärts-auswärts in Verlängerung der Körperdrehung.

WASSER-FIT

HÄRTERE ARBEIT IM WASSER

Für diejenigen, die anstrengendere Übungen wollen, gibt es besondere Hilfsmittel, mit denen sich der **Wasserwiderstand** vergrößern läßt – indem Sie die Körperoberfläche vergrößern – und so die Bewegung erschweren. „Wasser-fit" ist ein System von Übungen, das nur Aerobic-Kursen in der Schwimmhalle zur Verfügung steht, die solche Gegenstände benutzen wie Handschuhe mit Schwimmhäuten, Handgewichte oder Gewichtsgürtel, der an die Beine oder Arme angepaßt werden kann. Die Gegenstände wiegen im Wasser nicht viel, aber sie erfordern einen erheblich höheren Kraftaufwand für die Übung.

BESSERE BALANCE

Diese Geräte können im flachen oder tieferen Wasser benutzt werden. (Sie sorgen ebenso für Auftrieb wie für Widerstand.) Das Wasser gibt Auftrieb, so daß Ihr Körper kein Gewicht zu haben scheint und Ihre Bewegungen leichter und gut ausbalanciert sind und doch den Widerstand erfahren, der für größeren Krafteinsatz der Muskeln erforderlich ist.

Achtung: Diese Geräte werden im Wasser benutzt. Damit Sie die Geräte besser erkennen können, trägt die Schwimmerin sie außerhalb des Wassers.

WEITERE ZIELE

Wenn Sie es mit dem Schwimmen ernst meinen

VIELLEICHT WOLLEN SIE Ihre Fitneß weiter ausbauen und das Freizeitschwimmen ernsthafter betreiben. Vielleicht wollen Sie sich steigern und an örtlichen Vereinsmeisterschaften teilnehmen oder sich sogar noch mehr verbessern und an den größten Wettkämpfen teilnehmen. Für jede dieser Leistungsebenen müssen Sie sich einen passenden Trainingsplan erstellen (s. Tafel auf der nächsten Seite), und suchen Sie sich die geeignete Schwimmhalle. Glücklicherweise werden in den meisten Hallen Bahnen für Besucher abgetrennt, die Bahnen schwimmen wollen zur Verbesserung der Kondition und Schnelligkeit. Folgen Sie den Zeichen, die Sie im oder gegen den Uhrzeigersinn dirigieren – so daß Sie nicht mit anderen Schwimmern kollidieren. Bleiben Sie in der für Ihr Leistungsvermögen reservierten Bahn: langsam, mittel, schnell.

WETTKAMPFSCHWIMMEN
Ein Schwimmbad von olympischem Standard, wie hier gezeigt, hat 8 Bahnen. Die Trennseile teilen das Becken in Bahnen auf und verhindern, daß die Schwimmer sich gegenseitig durch aufgewühltes Wasser behindern.

IM TRAINING
„Kettenschwimmen" – mehrere Schwimmer schwimmen hintereinander ihre Bahnen im Uhrzeigersinn oder umgekehrt – gehört zum Training von Wettkampfschwimmern. Schneidern Sie sich ein eigenes Trainingsprogramm für Ihre persönlichen Ziele (s. gegenüber).

WIE FIT SIND SIE?

Stellen Sie fest, wie fit Sie sind, indem Sie prüfen, wie schnell sich Ihre Pulsfrequenz nach einer Belastung zu normaler Frequenz beruhigt (je fitter Sie sind, desto schneller beruhigt sich der Puls). Z. B.: Schwimmen Sie 100 m Kraul auf Tempo, drücken Sie zwei Finger (nicht den Daumen) leicht auf Ihren Puls (rechts), und zählen Sie 15 sec lang die Schläge. Multiplizieren Sie die Zahl mit 4, um die Minutenfrequenz zu erfahren. Wiederholen Sie die Messung zweimal, jeweils 30 sec später, um festzustellen, wie schnell Sie zu einem normalen Puls (Ruhepuls) zurückkommen – etwa 80 Schläge/Minute.

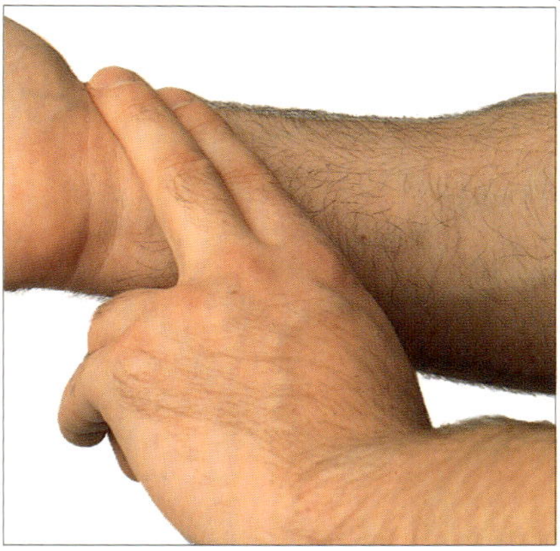

IHR PERSÖNLICHES PROGRAMM

GUTE PLANUNG

Wenn Sie Wettkampfniveau anstreben, müssen Sie ein vernünftiges Trainingsprogramm planen, das das „Aufwärmen", den „Hauptteil" und das „Ausschwimmen" enthält.

VON FIT ZU SUPER-FIT

Benutzen Sie die drei Beispielprogramme unten, um sich selbst ein passendes Programm aufzustellen. Messen Sie mit Hilfe der Schwimmbaduhr regelmäßig Ihren Puls, um Ihre Fitneß zu überprüfen.

	Distanz	Trainingsart/Schwimmtempo	Gesamtdistanz
		LEICHTES TRAINING	
Aufwärmen	200 m	freie Stilwahl, gleichbleibendes Tempo	200 m
Hauptteil	16x25 m	Kraulen; alle 25 m 15 Sek. Pause	400 m
	200 m	Beinschlag des Spezialstils (Arme halten Schwimmbrett)	200 m
	200 m	Armzug des Spezialstils (Beine halten Brett)	200 m
Ausschwimmen	200 m	freie Stilwahl	200 m
		gesamt	1200 m
		MITTLERES TRAINING	
Aufwärmen	2x400 m	Kraulen bei gleichbleibendem Tempo alle 200 m 60 Sek. Pause	600 m
Hauptteil	8x50 m	Beintraining des Spezialstils (Arme halten Brett), alle 50 m 15–30 Sek. Pause	400 m
	8x50 m	Armtraining des Spezialstils (Beine halten Brett), alle 50 m 15–30 Sek. Pause	400 m
	8x50 m	Bein- oder Armtraining eines ganzen Stils bei freier Stilwahl oder von Kombination, alle 50 m 15–30 Sek. Pause	400 m
Ausschwimmen	200 m	freie Stilwahl	200 m
		gesamt	2000 m
		HARTES TRAINING	
Aufwärmen	2x400 m	freie Stilwahl, gleichbleibendes Tempo, alle 400 m 30 Sek. Pause	800 m
	3x200 m	Lagen (s. S. 84–85), 200 m Beine, 200 m Arme, 200 m ganzer Stil, gleichbleibendes Tempo, alle 200 m 15 Sek. Pause	600 m
Hauptteil	6x100 m	50 m Spezialstil: Armtraining und 50 m Spezialstil komplett, alle 100 m 30 Sek. Pause	600 m
	8x50 m	Kraul-Beinschlag (Arme gestreckt), auf Tempo, alle 50 m 15 Sek. Pause	400 m
	6x50 m	Kraul-Armzug (Beine gestreckt) auf Tempo, alle 50 m 20 Sek. Pause	300 m
	4x50 m	Kraulen – komplette Stilart, auf Tempo, alle 50 m 10 Sek. Pause – **längere Erholungspause (mindestens 2 Min.)**	200 m
	100 m	Kraulen – komplett, schnellstes Tempo auf Zeit	100 m
Ausschwimmen	200 m	freie Stilwahl, Erholungstempo	200 m
		gesamt	3200 m

Achtung: Die meisten öffentlichen Schwimmbäder haben 25-m-Bahnen, die Freibäder haben meist 50-m-Bahnen.

GLOSSAR

A

• **Aerobic-Übungen** Ausdauerübungen, die einen dauernden Sauerstoffvorrat verlangen; z. B. Wasser-Aerobics (s. S. 88-89). („Anaerobic-Übungen" bezieht sich auf Übungsformen, bei denen weniger Sauerstoff benötigt wird, z. B. für Sprintstrecken.)

B

• **Beidseitiges Einatmen** Auf jeden 3. Armzug auf der einen Seite (z. B. links) einatmen und auf den nächsten 3. Armzug auf der anderen Seite (dann: rechts) einatmen. (Also: links, 2, 3, rechts, 2, 3, links, 2, 3 etc.)
• **Biegen** Ein anderes Wort für beugen.
• **Bugwelle** Ein Wasserwall vor dem Kopf, der durch die Schwimmgeschwindigkeit entsteht und der gleichzeitig ein Wellental bildet.
• **Butterfly** (dt. = Schmetterling) Englische Bezeichnung für den Delphinstil. Der Name bezieht sich vor allem auf die Armbewegung, die im gesamten Schwimmzug die Form eines Schmetterlings (oder auch Schlüssellochs) beschreibt.

C

• **Catch-Ups** Eine Art Kriegenspielen der ausgestreckten Arme.

D

• **Dichte** Das Gewicht eines Schwimmers (oder Gegenstandes) im Verhältnis zu seiner Größe.
• **Druck** Der zweite Teil der Armaktion, bei dem Sie die Arme von der Schulterlinie bis zu den Oberschenkeln bewegen.

E

• **Erholungsphase** Der Moment, in dem sich entweder ein Teil Ihres Körpers (Arm oder Bein, Arme und/oder Beine) oder der ganze Körper von dem Vortrieb gebenden Einsatz erholt, um dann wieder in Aktion zu treten.

F

• **Flossen** Gummi- oder Kunststoffvergrößerungen für die Füße, besonders nützlich als Kraftverstärkung bei Schwimmübungen.
• **Flug** Der Moment des Kopfsprunges, in dem sich der Schwimmer in der Luft befindet.
• **Fly** Kurzform für Butterfly, Teil des Delphinschwimmens.
• **Freistil** Beim Freistilwettkampf kann der Schwimmer jeglichen Schwimmstil wählen. Meistens wird das Kraulen gewählt, daher sind die beiden Begriffe oft gleichbedeutend.

G

• **Gleitphase** In stromlinienförmiger oder pfeilgerader Haltung gleitet der Körper nach dem Startsprung oder nach dem Abstoßen bei der Wende ohne Arm- oder Beinbewegungen.
• **Grabstart** Ein schneller Wettkampfstart, bei dem sich der Schwimmer sowohl mit den Händen als auch mit den Füßen vom Startblock abstößt.
• **Greifen** Der Moment beim Armzug, in dem die Hand beginnt, das Wasser nach hinten zu ziehen.

H

• **Hilfen** Jeder Gegenstand – meist schwimmend –, der Schwimmern hilft, sich im Wasser zu bewegen, oder es ermöglicht, daß sich Arme oder Beine isoliert bewegen können und der Schwimmer dabei im Wasser schwebt.

L

• **Locker** Entspannt – im Gegensatz zu gespannt oder steif.

N

• **Neues Wasser** Wasser, das Ihre Hände und Füße immer wieder aufs neue finden müssen, um den Vortrieb Ihrer Bewegung zu erhalten.

P

• **Paddel** Ihre Unterarme vom Ellenbogen bis zu den Fingern. Der Paddelsport lehrt Sie, die Paddel optimal einzusetzen.

• **Peitschenschlag** Peitschenartiger Brustbeinschlag, der geringen Wasserwiderstand überwindet und großen Antrieb gibt.
• **Pullbuoy** Eine Art Boje, die Sie zwischen den Beinen halten können, um isoliertes Armtraining zu machen.

R

• **Rollwende** Eine schnelle Art der Wende an der Beckenwand bei Kraul- und Rückenkraulwettkämpfen, bestehend aus einer Rolle vorwärts.
• **Rückenkraulen** Ein Wechselschlag, der in Rückenlage erfolgt.
• **Rudern** Kleine Ein- und Auswärtsbewegungen mit den Händen und Armen (und/oder Beinen).

S

• **Sauerstoffschuld** Eine vorübergehende Sauerstoffknappheit im Blut – hervorgerufen durch Anstrengung. Durch Training lernt der Körper, mit weniger Sauerstoff auszukommen.
• **Scherschlag** Asymmetrischer und ineffektiver Brustbeinschlag.
• **Schlängeln** Eine rhythmische, koordinierte Bewegung des ganzen Körpers, wie die eines Fisches oder einer Schlange.
• **Schwimmbrett** Eine Schwimmhilfe aus Polystyrene oder anderem synthetischem Material.
• **Schwimmzug** Eine vollständige Arm- und Beinbewegung in jeglicher Stilart mit Aktions- und Erholungsphase.
• **Startblock** Ein etwa 50 cm hohes Treppchen (oder Podest) am Beckenende, von dem die Schwimmer herabspringen, um zu schwimmen.

T

• **Tauchzug** Ist nur beim Brustschwimmen erlaubt. Sie gleiten, machen unter Wasser einen Armzug, lassen aber während der Gleitphase die Arme an den Oberschenkeln liegen, bis der Schwung nachläßt, dann machen Sie einen Beinschlag und strecken gleichzeitig die Arme nach vorne-oben, nehmen den Kopf hoch und durchbrechen so mit Kopf und Händen die Wasseroberfläche.

U

• **Übung** Das Üben von bestimmten Aufgaben, um bestimmte Teile der Technik zu erlernen.

W

• **Weiter Beinschlag** Eine mögliche Brustbeinaktion, großräumiger als der Peitschenschlag und weniger effektiv für den Vortrieb.
• **Widerstand** Die Art und Weise, wie das Wasser auf den „festen Körper" eines Schwimmers einwirkt und ihn bremst.

Z

• **Zug** Der Teil der Armaktion, der mit dem „Greifen" des Wassers beginnt und auf der Höhe der Schultern endet, und der Sie durch das Wasser zieht.

TOP TEN

1. Nur ein Fehlstart ist auf allen Bahnen erlaubt (d. h. ein Fehlstart von jeglichem Schwimmer in einem bestimmten Lauf). Jeglicher folgende Regelverstoß disqualifiziert den betreffenden Wettkämpfer.
2. Beim Brustschwimmen und Delphin müssen bei Wenden und am Ziel beide Hände horizontal (also nebeneinander) die Wand berühren.
3. Wettkampfgerechtes Brustschwimmen muß symmetrisch sein. Ein Scherschlag führt automatisch zur Disqualifikation.
4. Sie dürfen die Rückenlage nicht verlassen, solange Sie den Rückenkraulstil schwimmen, außer im Moment der Wende an der Beckenwand.
5. Zu keiner Zeit dürfen Sie im Wettkampf auf dem Beckenboden stehen oder gehen.
6. In Freistilwettkämpfen müssen Sie bei Ihrem einmal gewählten Schwimmstil bleiben.
7. Ihre Füße müssen beim Rückenkraulstart unter der Wasseroberfläche bleiben.
8. Beim Brustschwimmstart und bei der Wende dürfen Sie einen Schwimmzug (Tauchzug) unter Wasser machen.
9. Bei Staffeln muß der vorige Schwimmer die Wand berühren, ehe der nächste Schwimmer starten darf.
10. Lagenwettkämpfe bestehen aus den vier anerkannten Schwimmstilen. Wettkämpfer müssen jede Stilart über die gleiche Distanz schwimmen und die Stilarten in der richtigen Reihenfolge schwimmen (s. S. 84-85).

STICHWORTVERZEICHNIS

NÜTZLICHE ADRESSEN

Deutscher Schwimmverband (DSV)
Meglingerstraße 49
81477 München

Deutsche Lebensrettungsgesellschaft (DLRG) s. lokale Adressen

Lokale Schwimmvereine (Erkundigungen über die Bademeister in den jeweiligen Schwimmhallen)
Lokale Turn- und Sportvereine mit Schwimmabteilungen
Private Schwimmschulen

Alle Fotos stammen von Chris Stevens, außer denen auf den Seiten: 74, 76 (die ersten zwei Fotos), 78, 80, 84 (erstes Bild), 89 (fotografiert von Jo Foord). Außerdem: All-Sport (UK) Ltd: Beverly Williams 15 ul, Tony Duffy 90 u; J. Allan Cash Ltd: 13 u, Lupe Cunha: 12 m, 12 ur, 140, 14 ul, Philip Gatward, DK: 15 or; Malvin van Gelderen: 130, Susan Griggs Agency Ltd: Julian Nieman, 14 ur; The Image Bank: Chuck Fishman 150 l, Larry J. Pierce, 15 ml, Paul Slaughter, 15 mr, Co Rentmeister, 15 ur; Spectrum Colour Library, 33 o, John Walmsley Photo Library: 13 m. (o = oben, u = unten, l = links, r = rechts, m = Mitte).